JUDITH
BUTLER

Relatar a si mesmo:
crítica da violência ética

FILŌ   **autêntica**

JUDITH
BUTLER

Relatar a si mesmo:
crítica da violência ética

7ª reimpressão

TRADUÇÃO Rogério Bettoni
POSFÁCIO Vladimir Safatle

Copyright © 2005 Fordham University Press

Título original: *Giving an Account of Oneself*

Todos os direitos reservados pela Autêntica Editora Ltda. Nenhuma parte desta publicação poderá ser reproduzida, seja por meios mecânicos, eletrônicos, seja via cópia xerográfica, sem a autorização prévia da Editora.

COORDENADOR DA COLEÇÃO FILÔ
Gilson Iannini

CONSELHO EDITORIAL
Gilson Iannini (UFMG); *Barbara Cassin* (Paris); *Carla Rodrigues* (UFRJ); *Cláudio Oliveira* (UFF); *Danilo Marcondes* (PUC-Rio); *Ernani Chaves* (UFPA); *Guilherme Castelo Branco* (UFRJ); *João Carlos Salles* (UFBA); *Monique David-Ménard* (Paris); *Olímpio Pimenta* (UFOP); *Pedro Süssekind* (UFF); *Rogério Lopes* (UFMG); *Rodrigo Duarte* (UFMG); *Romero Alves Freitas* (UFOP); *Slavoj Žižek* (Liubliana); *Vladimir Safatle* (USP)

EDITORA RESPONSÁVEL
Rejane Dias

EDITORA ASSISTENTE
Cecília Martins

PROJETO GRÁFICO
Diogo Droschi

REVISÃO
Aline Sobreira

LEITURA FINAL
Jean D. Soares

CAPA
Alberto Bittencourt (sobre foto de Andrew Rusk - https://goo.gl/CzYLw8)

DIAGRAMAÇÃO
Jairo Alvarenga Fonseca

Dados Internacionais de Catalogação na Publicação (CIP)
(Câmara Brasileira do Livro, SP, Brasil)

Butler, Judith
  Relatar a si mesmo: crítica da violência ética / Judith Butler ; tradução Rogério Bettoni. -- 1. ed.; 7. reimp. -- Belo Horizonte : Autêntica, 2025. -- (Filô)

Título original: Giving an Account of Oneself.
ISBN 978-85-8217-688-7

1. Ética 2. Conduta de vida 3. Self (Filosofia) I. Título. II. Série.

15-06228   CDD-170

Índices para catálogo sistemático:
  1. Ética : Filosofia moral   170

Belo Horizonte
Rua Carlos Turner, 420
Silveira . 31140-520
Belo Horizonte . MG
Tel.: (55 31) 3465 4500

São Paulo
Av. Paulista, 2.073, Conjunto Nacional
Horsa I . Salas 404-406 . Bela Vista
01311-940 . São Paulo . SP
Tel.: (55 11) 3034 4468

www.grupoautentica.com.br
SAC: atendimentoleitor@grupoautentica.com.br

7. **Agradecimentos**

9. **Abreviações**

11. **1. Um relato de si**
20. Cenas de interpelação
34. Sujeitos foucaultianos
39. Questões pós-hegelianas
44. "Quem és?"

57. **2. Contra a violência ética**
63. Limites do juízo
69. Psicanálise
88. O "eu" e o "tu"

109. **3. Responsabilidade**
113. Laplanche e Lévinas: a primazia do Outro
131. Adorno sobre tornar-se humano
143. Relato crítico de Foucault sobre si

173. **Posfácio**
Dos problemas de gênero a uma teoria
da despossessão necessária: ética, política
e reconhecimento em Judith Butler
Vladimir Safatle

Agradecimentos

Os capítulos deste livro foram apresentados originalmente no Spinoza Lectures, no primeiro semestre de 2002, evento promovido pelo Departamento de Filosofia da Universidade de Amsterdã. Agradeço a Hent de Vries por me fazer esse generoso convite e pela oportunidade de trabalhar parte desse material com os alunos de lá. O livro começou como tema de um seminário na Universidade de Princeton, no segundo semestre de 2001 – na época eu era membra do Conselho de Humanidades. Minhas discussões com o corpo docente e os universitários foram extremamente produtivas. Por fim, entreguei o material revisado para a série de conferências Adorno Lectures do Instituto para Pesquisa Social, em Frankfurt, no segundo semestre de 2002. Agradeço a Axel Honneth pela oportunidade de rever a obra de Adorno e de me envolver com ela de uma maneira nova. Sou igualmente grata pelas discussões que tive no Instituto com diversas pessoas que me mostraram um forte compromisso com as questões que levantei. Este texto foi publicado na Holanda, numa versão prévia e substancialmente resumida, como *Giving an Account of Oneself: A Critique of Ethical Violence* pela Van Gorcum Press (2003), e posteriormente em alemão, também numa versão resumida, como *Kritik der Ethischen*, pela Suhrkamp Verlag (2003), habilmente traduzido por Reiner Ansen. Partes do segundo capítulo foram publicadas como um artigo chamado "Giving an Account of Oneself" na revista *Diacritics*, v. 31, n. 4, p. 22-40.

Estendo meus agradecimentos a diversas pessoas que colaboraram com várias ideias para o manuscrito do texto: Frances Bartkowski, Jay Bernstein, Wendy Brown, Michel Feher, Barbara Johnson, Debra Keates, Paola Marrati, Biddy Martin, Jeff Nunokawa, Denise Riley, Joan W. Scott, Annika Thiem e Niza Yanay. Também agradeço aos alunos do meu seminário de literatura comparada realizado no segundo semestre de 2003, que leram comigo a maioria dos textos analisados aqui, contrariando meus pontos de vista e gerando uma discussão intensa sobre diversos assuntos. Agradeço a Jill Stauffer por me mostrar a importância de Lévinas para o pensamento ético, e a Colleen Pearl, Amy Jamgochian, Stuart Murray, James Salazar, Amy Huber e Annika Thiem pela assistência editorial e pelas sugestões em diferentes etapas. Por fim, agradeço a Helen Tartar, que está ansiosa para lutar com minhas palavras e para quem, ao que parece, este livro retorna. Dedico-o à minha amiga e interlocutora Barbara Johnson.

Abreviações

As seguintes abreviações foram usadas no texto.*

DF – LÉVINAS, Emmanuel. *Difficult Freedom: Essays on Judaism*. Tradução para o inglês de Sean Hand. Baltimore: The Johns Hopkins University Press, 1990.

EP – FOUCAULT, Michel. Structuralisme et poststructuralisme. In: *Dits et écrits, 1954-1988*. Paris: Gallimard, 1994. t. 4: 1980-1988. p. 431-457. [Edição brasileira: Estruturalismo e pós-estruturalismo. In: *Ditos e escritos*. Tradução de Elisa Monteiro. Rio de Janeiro: Forense Universitária, 2008. v. 2. p. 307-324.]

FS – FOUCAULT, Michel. *Fearless Speech*. Organização de Joseph Pearson. Nova York: Semiotext(e), 2001.

GM – NIETZSCHE, Friedrich. *On the Genealogy of Morals*. Tradução para o inglês de Walter Kaufmann. Nova York: Random House, 1969. [Edição brasileira: *Genealogia da moral: uma polêmica*. Tradução de Paulo César de Souza. São Paulo: Companhia das Letras, 1999.]

H – FOUCAULT, Michel. About the Beginning of the Hermeneutics of the Self. Tradução para o inglês de Thomas Keenan e Mark Blasius. In: *Religion and Culture*. Organização de Jeremy Carrette. Nova York: Routledge, 1999. p. 158-181.

HDS – FOUCAULT, Michel. *L'Herméneutique du sujet: Cours au Collège de France (1981-1982)*. Paris: Gallimard, 2001. [Edição brasileira: *A hermenêutica do sujeito*. Tradução de Márcio Alves da Fonseca e Salma Tannus Muchail. São Paulo: Martins Fontes, 2006.]

---

* As edições brasileiras indicadas entre colchetes foram usadas como referência para citações. Outras edições brasileiras que serviram como referência de leitura, mas cujas citações não foram usadas na tradução, estão indicadas apropriadamente nas notas. (N.T.)

HM – FOUCAULT, Michel. How Much Does It Cost for Reason to Tell the Truth? In: *Foucault Live*. Organização de Sylvère Lotringer. Tradução para o inglês de John Honston. Nova York: Semiotext(e), 1989.

OB – LEVINAS, Emmanuel. *Otherwise than Being, or beyond Essence*. Tradução para o inglês de Alphonso Lingis. The Hague: Martinus Nijhoff, 1981.

PMP – ADORNO, Theodor W. *Problems of Moral Philosophy*. Tradução para o inglês de Rodney Livingstone. Stanford: Stanford University Press, 2001.

S – LEVINAS, Emmanuel. Substitution. Publicado originalmente em *La Revue Philosophique du Louvain, n*. 66, p. 487–508, 1968. Tradução para o inglês de Peter Atterton, Simon Critchley e Graham Noctor. In: *Emmanuel Levinas, Basic Philosophical Writings*. Organização de Adriaan T. Peperzak, Simon Critchley e Robert Bernasconi. Bloomington: Indiana University Press, 1996. p. 79-96.

UP – FOUCAULT, Michel. *The Use of Pleasure: The History of Sexuality, Volume Two*. Nova York: Random House, 1985. [Edição brasileira: *História da sexualidade 2: o uso dos prazeres*. Tradução de Maria Thereza da Costa Albuquerque. 13. ed. Rio de Janeiro: Edições Graal, 2009.]

Neste livro, uso a noção de "outro" para denotar o outro humano em sua especificidade exceto onde, por razões técnicas, o termo precisa assumir um significado levemente diferente. Em Lévinas, por exemplo, "o Outro" não se refere apenas ao outro humano, mas age como lugar-tenente de uma relação ética infinita. Nesse caso, grafo a palavra com inicial maiúscula.

1. Um relato de si

*O valor do pensamento é medido pela sua distância
em relação à continuidade do conhecido.*

Adorno, *Minima Moralia*

Gostaria de começar considerando como pode ser possível colocar a questão da filosofia moral – questão que tem a ver com conduta e, portanto, com o fazer – dentro de um referencial social contemporâneo. Colocar a questão nesse quadro já é admitir uma tese *a priori*, a saber, não só que as questões morais surgem no contexto das relações sociais, mas também que a forma dessas questões muda de acordo com o contexto – e até o contexto, em certo sentido, é inerente à forma da questão. Em *Problems of Moral Philosophy* [Problemas da filosofia moral], série de conferências ministradas em meados de 1963, Adorno escreve: "Podemos provavelmente dizer que as questões morais sempre surgem quando as normas morais de comportamento deixam de ser autoevidentes e indiscutíveis na vida de uma comunidade".[1] De certa forma, essa afirmação parece descrever as condições de surgimento das questões morais, mas Adorno depois especifica essa descrição. Ele faz uma breve crítica a Max Scheler, que lamenta a *Zersetzung* das ideias éticas. Para Scheler, *Zersetzung* significa a destruição de um *éthos* ético

---

[1] ADORNO, Theodor. *Problems of Moral Philosophy*. Tradução para o inglês de Rodney Livingstone. Stanford: Stanford University Press, 2001. p. 16; *Probleme der Moralphilosophie*. Frankfurt: Suhrkamp, 1997. p. 30. Doravante citado como *PMP* no texto, com a paginação referindo-se à edição em inglês.

coletivo e comum. Adorno se recusa a lamentar essa perda e afirma que o *éthos* coletivo é invariavelmente conservador e postula uma falsa unidade que tenta suprimir a dificuldade e a descontinuidade próprias de qualquer *éthos* contemporâneo. Não que antes existisse uma unidade que acabou se separando; o que havia antes era uma idealização, ou melhor, um nacionalismo, que hoje não é mais aceitável nem deveria ser. Como resultado, Adorno faz um alerta contra o recurso à ética como uma espécie de repressão e violência. Escreve ele:

> nada é mais degenerado do que o tipo de ética ou moral que sobrevive na forma de ideias coletivas mesmo depois que o Espírito do Mundo – usando a expressão hegeliana como atalho – cessou de nelas residir. Uma vez que o estado da consciência humana e o estado das forças sociais de produção abandonaram essas ideias coletivas, essas mesmas ideias adquirem qualidades repressoras e violentas. O que obriga a filosofia a realizar esse tipo de reflexão que expressamos aqui é o elemento de compulsão que deve ser encontrado nos costumes tradicionais; é essa violência e esse mal que colocam os costumes [*Sitten*] em conflito com a moralidade [*Sittlichkeit*],[2] e não o declínio dos princípios morais como pranteado pelos teóricos da decadência (*PMP*, p. 17).

Em primeiro lugar, Adorno afirma que as questões morais surgem apenas quando o *éthos* coletivo deixa de imperar. Isso quer dizer que elas não têm de surgir na base de um *éthos* comumente aceito para serem qualificadas como morais; na verdade, parece haver uma tensão entre *éthos* e moral, tanto que o enfraquecimento daquele é a condição para o aperfeiçoamento desta. Em seguida, ele deixa claro que, embora o

---

[2] Judith Butler usa uma tradução do texto de Adorno que verte o termo alemão "*Sittlichkeit*" para o inglês como "*morality*". Neste caso, fizemos jus a essa interpretação ao traduzi-lo como "moralidade", embora em português seja comum traduzirmos a palavra por "eticidade". (N.T.)

éthos coletivo não seja mais compartilhado – aliás, justamente porque o *"éthos* coletivo", que agora deve ser colocado entre aspas, não é compartilhado de maneira comum –, ele só pode impor sua pretensão de comunidade por meios violentos. Nesse sentido, o *éthos* coletivo instrumentaliza a violência para manter sua aparência de coletividade. Além disso, esse *éthos* só se torna violência uma vez que tenha se tornado um anacronismo. O que há de estranho em termos históricos – e temporais – nessa forma de violência ética é que, embora o *éthos* coletivo tenha se tornado anacrônico, ele não se tornou passado: insiste em se impor no presente como anacrônico. O *éthos* se recusa a se tornar passado, e a violência é sua forma de se impor no presente. Com efeito, ele não só se impõe no presente como também busca ofuscá-lo – esse é precisamente um de seus efeitos violentos.

Adorno usa o termo "violência" em relação à ética no contexto de pretensões de universalidade. Ele oferece ainda outra formulação para o surgimento da moral, que é sempre o surgimento de certos tipos de inquisições morais, de questionamentos morais: "o problema social da divergência entre o interesse universal e o interesse particular, os interesses de indivíduos particulares, é o que se dá à constituição do problema da moral" (*PMP*, p. 19). Quais são as condições em que acontece essa divergência? Adorno alude a uma situação em que "o universal" deixa de concordar com o individual ou de incluí-lo, e a própria pretensão de universalidade ignora os "direitos" do indivíduo. Podemos imaginar, por exemplo, a imposição de governos em países estrangeiros em nome de princípios universais de democracia, quando na verdade essa imposição nega efetivamente os direitos da população para eleger seus próprios representantes. Nesse sentido, podemos pensar na proposta do presidente Bush de uma Autoridade Palestina, ou em seus esforços para substituir o governo no Iraque. Nesses exemplos, usando as palavras de Adorno, "o universal [...] aparece como algo violento e extrínseco, sem nenhuma realidade substancial para os seres humanos" (*PMP*, p. 19). Embora Adorno muitas vezes transite abruptamente entre ética e moral, ele prefere usar em sua obra o termo "moral", refletido posteriormente em *Minima Moralia*, e insiste em que qualquer conjunto de máximas ou regras deve ser apropriável por indivíduos "de maneira vital" (*PMP*, p. 15). Considerando que se possa reservar o termo "ética" para se referir aos amplos contornos dessas regras e máximas, ou para a relação entre si-mesmos implicada por essas regras, Adorno insiste em que a norma ética que não oferece um modo de vida ou que se revela, dentro das condições sociais existentes, como impossível de ser apropriada tem de ser submetida à revisão crítica (*PMP*, p. 19). Se ela ignora as condições sociais, que também são as condições sob as quais toda ética deve ser apropriada, aquele *éthos* torna-se violento.

No que se segue deste primeiro capítulo, quero mostrar o que considero importante na concepção adorniana de violência ética, embora uma consideração mais sistemática do tema só seja feita no terceiro capítulo. Nesta seção introdutória, quero apenas salientar a importância da formulação de Adorno para as discussões contemporâneas sobre niilismo moral e mostrar como as mudanças em seu quadro teórico são exigidas pelo caráter histórico mutável da investigação moral. Em certo sentido, o próprio Adorno teria aprovado esse deslocamento para além dele mesmo, dado seu compromisso em considerar a moral dentro dos contextos sociais mutáveis, em que surge a necessidade da investigação moral. O contexto não é externo ao problema: ele condiciona a forma que o problema vai assumir. Nesse sentido, as questões que caracterizam a investigação moral são formuladas ou estilizadas pelas condições históricas que as suscitam.

Entendo que a crítica de Adorno à universalidade abstrata como algo violento pode ser interpretada em relação à crítica de Hegel ao tipo de universalidade característica do Terror. Escrevi alhures sobre isso[3] e aqui quero apenas frisar

---

[3] BUTLER, Judith; LACLAU, Ernesto; ŽIŽEK, Slavoj. *Contingency, Hegemony, Universality*. Londres: Verso, 2000.

que o problema não é com a universalidade como tal, mas com uma operação da universalidade que deixa de responder à particularidade cultural e não reformula a si mesma em resposta às condições sociais e culturais que inclui em seu escopo de aplicação. Quando, por razões sociais, é impossível se apropriar de um preceito universal, ou quando – também por razões sociais – é preciso recusá-lo, ele mesmo se torna um terreno de disputa, tema e objeto do debate democrático. Ou seja, o preceito universal perde seu status de precondição do debate democrático; se funcionasse como precondição, como um *sine qua non* da participação, imporia sua violência na forma de forclusão excludente. Isso não quer dizer que a universalidade seja violenta por definição. Ela não o é. Mas há condições em que pode exercer a violência. Adorno nos ajuda a entender que essa violência consiste em parte em sua indiferença para com as condições sociais sob as quais uma apropriação vital poderia se tornar possível. Se uma apropriação vital é impossível, parece então seguir-se que o preceito só pode ser experimentado como uma coisa mortal, um sofrimento imposto, de um exterior indiferente, à custa da liberdade e da particularidade.

Adorno parece quase kierkegaardiano quando insiste no lugar e no significado do indivíduo existente e na tarefa necessária de se apropriar da moral, bem como de se opor às diferentes formas de violência ética. No entanto, adverte contra o erro da posição oposta, quando o "eu"[4] se compreende separado de suas condições sociais, quando é adotado como pura imediaticidade, arbitrária ou acidental, apartado de suas condições sociais e históricas – as quais, afinal de contas, constituem as condições gerais de seu próprio surgimento. Adorno é claro quando afirma que não há moral sem um "eu", mas algumas perguntas críticas permanecem sem resposta: em que consiste esse "eu"? Em que

---

[4] Para fins de esclarecimento terminológico e linearidade com o texto de Butler, traduzimos *self* por "si-mesmo", *I* (substantivado) por "eu" e *ego* por "Eu". (N.T.)

termos ele pode se apropriar da moral, ou melhor, dar um relato de si mesmo? Adorno escreve, por exemplo: "para vocês será óbvio que todas as ideias da moral ou do comportamento ético devem se relacionar a um 'eu' que age" (*PMP*, p. 28). Contudo, não existe nenhum "eu" que possa se separar totalmente das condições sociais de seu surgimento, nenhum "eu" que não esteja implicado em um conjunto de normas morais condicionadoras, que, por serem normas, têm um caráter social que excede um significado puramente pessoal ou idiossincrático.

O "eu" não se separa da matriz prevalecente das normas éticas e dos referenciais morais conflituosos. Em um sentido importante, essa matriz também é a condição para o surgimento do "eu", mesmo que o "eu" não seja induzido por essas normas em termos causais. Não podemos concluir que o "eu" seja simplesmente o efeito ou o instrumento de algum *éthos* prévio ou de algum campo de normas conflituosas ou descontínuas. Quando o "eu" busca fazer um relato de si mesmo, pode começar consigo, mas descobrirá que esse "si mesmo" já está implicado numa temporalidade social que excede suas próprias capacidades de narração; na verdade, quando o "eu" busca fazer um relato de si mesmo sem deixar de incluir as condições de seu próprio surgimento, deve, por necessidade, tornar-se um teórico social.

A razão disso é que o "eu" não tem história própria que não seja também a história de uma relação – ou conjunto de relações – para com um conjunto de normas. Ainda que muitos críticos contemporâneos sintam-se incomodados frente à possibilidade de isso significar que não existe um conceito de sujeito que possa servir como fundamento para a ação moral e a responsabilização moral, essa conclusão não procede. Até certo ponto, as condições sociais de seu surgimento sempre desapossam o "eu".[5] Essa despossessão

---

[5] Para uma análise brilhante e envolvente da imersão e da despossessão do "eu" nas convenções sociais, bem como de suas implicações tanto

não significa que tenhamos perdido o fundamento subjetivo da ética. Ao contrário, ela pode bem ser a condição para a investigação moral, a condição de surgimento da própria moral. Se o "eu" não está de acordo com as normas morais, isso quer dizer apenas que o sujeito deve deliberar sobre essas normas, e que parte da deliberação vai ocasionar uma compreensão crítica de sua gênese social e de seu significado. Nesse sentido, a deliberação ética está intimamente ligada à operação da crítica. E a crítica comprova que não pode seguir adiante sem considerar como se dá a existência do sujeito deliberante e como ele pode de fato viver ou se apropriar de um conjunto de normas. Não se trata apenas de a ética se encontrar envolvida na tarefa da teoria social, mas a teoria social, se tiver de produzir resultados não violentos, deve encontrar um lugar de vida para esse "eu".

O surgimento do "eu" a partir da matriz das instituições sociais pode ser explicado de diversas maneiras, e várias são as formas de contextualizar a moral dentro de suas condições sociais. Adorno tende a considerar que existe uma dialética negativa em funcionamento quando as pretensões de coletividade resultam *não* coletivas, quando as pretensões de universalidade abstrata resultam *não* universais. A divergência é sempre entre o universal e o particular e torna-se a condição do questionamento moral. O universal não só diverge do particular; essa divergência é o que o indivíduo chega a experimentar, o que se torna para o indivíduo a experiência inaugural da moral. Nesse sentido, a teoria de Adorno tem uma ressonância com a de Nietzsche, que destaca a violência da "má consciência", a qual dá origem ao "eu" como consequência de uma crueldade potencialmente aniquilante. O "eu" volta-se contra si mesmo, desencadeando contra si mesmo uma agressão moralmente condenatória, e, com

---

para a poesia lírica quanto para as solidariedades sociais, ver RILEY, Denise. *Words of Selves: Identification, Solidarity, Irony*. Stanford: Stanford University Press, 2000.

isso, inaugura-se a reflexividade. Pelo menos essa é a visão nietzschiana da má consciência. Devo sugerir que Adorno alude a tal visão negativa da má consciência quando sustenta que a ética que não pode ser apropriada de "uma maneira vital" pelos indivíduos sob as condições sociais existentes "é a má consciência da consciência" (*PMP*, p. 15).

Temos de perguntar, no entanto, se o "eu" que deve se apropriar das normas morais de uma maneira vital não é, por sua vez, condicionado por essas mesmas normas que estabelecem a viabilidade do sujeito. Uma coisa é dizer que o sujeito deve ser capaz de se apropriar das normas; outra é dizer que deve haver normas que preparam um lugar para o sujeito dentro do campo ontológico. No primeiro caso, as normas estão aí, a uma distância exterior, e a tarefa é encontrar uma maneira de se apropriar delas, de assumi-las, de estabelecer com elas uma relação vital. O quadro epistemológico pressupõe-se nesse encontro, em que o sujeito se depara com as normas morais e deve descobrir uma forma de lidar com elas. Mas será que Adorno acreditava que as normas também decidem por antecipação quem se tornará e quem não se tornará sujeito? Considerava ele a operação das normas na própria constituição do sujeito, na estilização de sua ontologia e no estabelecimento de um lugar legítimo no campo da ontologia social?

Cenas de interpelação

> *Começamos com uma resposta, uma pergunta que responde a um ruído, e o fazemos no escuro – fazer sem exatamente saber, contentar-se com a fala. Quem está lá, ou aqui, ou quem se foi?*
>
> Thomas Keenan, *Fables of Responsibility*

Por ora deixarei de lado a discussão sobre Adorno, mas retornarei a ele para falar não da relação do sujeito com a moral, mas de uma relação anterior: a força da moral na produção do sujeito. A primeira questão é crucial, e a investigação que se segue não a ignora, pois um sujeito produzido pela moral deve descobrir sua relação com ela. Por mais que se queira, não é possível se livrar dessa condição paradoxal da deliberação moral e da tarefa de relatar a si mesmo. Mesmo que a moral forneça um conjunto de regras que produz um sujeito em sua inteligibilidade, ele não deixa de ser um conjunto de normas e regras que um sujeito deve negociar de maneira vital e reflexiva.

Em *Genealogia da moral*, Nietzsche oferece um relato controverso de como é possível nos tornarmos reflexivos sobre nossas ações e de como nos colocamos em posição de relatar o que temos feito. Observa que só tomamos consciência de nós mesmos depois que certos danos são infligidos. Como consequência, uma pessoa sofre, e essa pessoa, ou melhor, alguém que age em sua defesa em um sistema de justiça busca encontrar a causa do sofrimento e nos pergunta se não poderíamos sê-la. Com o propósito de impor um castigo justo ao responsável pela ação injuriosa, a questão é posta, e o sujeito em questão se interroga. "Castigo", diz-nos Nietzsche, é a "criação de uma memória".[6] A pergunta põe o si-mesmo como força causativa e também configura um modo específico de responsabilidade. Ao perguntarmos se somos os causadores do sofrimento, uma autoridade estabelecida nos pede não só para admitir a existência de uma ligação causal entre nossas ações e o sofrimento resultante, mas também para assumir a responsabilidade por essas ações e seus efeitos. Nesse contexto, encontramo-nos na posição de termos de dar um relato de nós mesmos.

---

[6] NIETZSCHE, Friedrich. *On the Genealogy of Morals*. Tradução para o inglês de Walter Kaufmann. Nova York: Random House, 1969. p. 80; *Zur Genealogie der Moral*. In: *Kritische Studienausgabe*. Organização de Giorgio Colli e Mazzino Montinari. Berlin: de Gruyter, 1967-1977. v. 5, p. 245-412. [Edição brasileira: *Genealogia da moral: uma polêmica*. Tradução de Paulo César de Souza. São Paulo: Companhia das Letras, 1999.] Doravante citado no texto como *GM*, com a paginação referindo-se à edição brasileira.

Relatamos a nós mesmos simplesmente porque somos interpelados como seres que foram obrigados a fazer um relato de si mesmos por um sistema de justiça e castigo. Esse sistema não existe desde sempre; é instituído com o tempo e com um grande custo para os instintos humanos. Nietzsche escreve que, sob tais condições, os seres humanos

> sentiam-se canhestros para as funções mais simples, nesse novo mundo não mais possuíam os seus velhos guias, os impulsos reguladores e inconscientemente certeiros – estavam reduzidos, os infelizes, a pensar, inferir, calcular, combinar causas e efeitos, reduzidos à sua "consciência", ao seu órgão mais frágil e mais falível! (*GM*, p. 72-73).

Se Nietzsche está correto, começo então a fazer um relato de mim porque alguém me pediu, e esse alguém tem um poder delegado por um sistema de justiça estabelecido. Alguém me interpelou, talvez até atribuiu um ato a mim, e determinada ameaça de castigo dá suporte a esse interrogatório. Desse modo, numa reação temerosa, ofereço-me como um "eu" e tento reconstruir minhas ações, mostrando que aquela atribuída a mim estava ou não entre elas. Com isso confesso-me como causa de tal ação, qualificando minha contribuição causativa, ou defendo-me contra a atribuição, talvez localizando a causa em outro lugar. É dentro desses parâmetros que o sujeito faz um relato de si mesmo. Para Nietzsche, a necessidade de fazer um relato de si só surge depois de uma acusação, ou no mínimo de uma alegação, feita por alguém em posição de aplicar um castigo se for possível estabelecer a causalidade. Consequentemente, começamos a refletir sobre nós mesmos pelo medo e pelo terror. Com efeito, são o medo e o terror que nos tornam moralmente responsáveis.

Consideremos, não obstante, que o fato de sermos interpelados pelo outro tenha outros valores além do medo. Pode muito bem haver um desejo de conhecer e entender que não seja alimentado pelo desejo de punir, e um desejo de explicar e narrar que não seja propelido pelo terror da punição. Nietzsche acertou muito bem quando disse que só começamos a contar uma história de nós mesmos frente a um "tu" que nos pede que o façamos. É somente frente a essa pergunta ou atribuição do outro – "Foste tu?" – que fornecemos uma narrativa de nós mesmos ou descobrimos que, por razões urgentes, devemos nos tornar seres autonarrativos. É sempre possível, obviamente, permanecer calado diante de uma pergunta desse tipo; nesse caso, o silêncio articula uma resistência em relação à pergunta: "Você não tem direito de fazer uma pergunta desse tipo", ou "Essa alegação não é digna de resposta", ou ainda "Mesmo que tivesse sido eu, não caberia a você saber disso". O silêncio, nesses exemplos, põe em questão a legitimidade da autoridade evocada pela questão e pelo questionador ou tenta circunscrever um domínio de autonomia que não pode, ou não deve, ser imposto pelo questionador. A recusa de narrar não deixa de ser uma relação com a narrativa e com a cena de interpelação. Como narrativa negada, ela recusa a relação pressuposta pelo interrogador ou a modifica, de modo que o questionado rechaça o questionador.

Contar uma história sobre si não é o mesmo que dar um relato de si. Contudo, vemos no exemplo anterior que o tipo de narrativa exigido quando fazemos um relato de nós mesmos parte do pressuposto de que o si-mesmo tem uma relação causal com o sofrimento dos outros (e, por fim, pela má consciência, consigo mesmo). Decerto, nem toda narrativa assume essa forma, mas uma narrativa que responde à alegação deve, desde o início, admitir a possibilidade de que o si-mesmo tenha agência causal, mesmo que, em dada situação, o si-mesmo não tenha sido causa do sofrimento.

O ato de relatar a si mesmo, portanto, adquire uma forma narrativa, que não apenas depende da capacidade de transmitir uma série de eventos em sequência com transições plausíveis, mas também recorre à voz e à autoridade narrativas, direcionadas a um público com o objetivo de persuadir. A narrativa, portanto, deve estabelecer se o si-mesmo foi ou não foi a causa do sofrimento, e assim proporcionar um meio persuasivo em virtude do qual é possível entender a ação causal do si-mesmo. A narrativa não surge posteriormente a essa ação causal, mas constitui o pré-requisito de qualquer relato que possamos dar da ação moral. Nesse sentido, a capacidade narrativa é a precondição para fazermos um relato de nós mesmos e assumirmos a responsabilidade por nossas ações através desse meio. Claro, é possível apenas "assentir com a cabeça" ou usar outro gesto expressivo para reconhecer que se é o autor da ação de que se fala. O "assentir com a cabeça" funciona como precondição expressiva do reconhecimento. Um tipo de força expressiva semelhante coloca-se em jogo quando nos mantemos em silêncio frente à pergunta "Você tem algo a dizer em sua defesa?". Nos dois exemplos, no entanto, o gesto de reconhecimento só faz sentido em relação a uma trama implícita: "Sim, eu ocupava a posição de agente causal na sequência de eventos a que você se refere".

A concepção de Nietzsche não leva totalmente em conta a cena de interpelação pela qual a responsabilidade é questionada e depois aceita ou negada. Ele assume que a indagação é feita a partir de um quadro de referência legal, em que se ameaça efetuar uma punição que provoque uma injúria equivalente àquela cometida em primeiro lugar. Mas nem todas as formas de interpelação originam-se desse sistema e por essa razão. O sistema de punição que ele descreve tem base na vingança, mesmo quando valorizada como "justiça". Esse sistema não reconhece que a vida implica certo grau de sofrimento e de injúria que não podem ser totalmente explicados pelo recurso ao sujeito como agente causal. Com efeito, para Nietzsche a agressão coexiste com a vida, de modo que se procurássemos proscrevê-la, estaríamos efetivamente tentando proscrever a própria vida. Escreve ele: "na medida em que *essencialmente*, isto é, em suas funções básicas, a vida atua ofendendo, violentando, explorando, destruindo, não pode sequer ser concebida sem esse caráter" (*GM*, p. 65). "Os estados de direito", continua ele logo depois, são "restrições parciais da vontade de vida", uma vontade definida pela luta. O esforço legal para acabar com a luta seria, em suas palavras, "um atentado ao futuro do homem" (*GM*, p. 65).

Para Nietzsche, o que está em jogo não é apenas o predomínio da ordem moral e legal à qual ele se opõe, mas sim uma construção forçada do "humano" em oposição à própria vida. Sua concepção de vida, no entanto, supõe que a agressão seja mais primal que a generosidade, e que o interesse por justiça surja de uma ética da vingança. Nietzsche não considera a cena interlocutória na qual se pergunta o que fizemos, ou a situação em que tentamos elucidar, para quem quer saber, o que fizemos e por qual razão.

Para Nietzsche, o si-mesmo como "causa" de uma ação injuriosa é atribuído sempre de maneira retroativa – o agente só se associa à ação tardiamente. Na verdade, ele se torna agente causal da ação apenas por meio de uma atribuição retroativa que busca ajustar-se a uma ontologia moral estipulada por um sistema legal, sistema que estabelece responsabilizações e ofensas puníveis localizando um si-mesmo relevante como fonte causal de sofrimento. Para Nietzsche, o sofrimento excede qualquer efeito causado por um ou outro si-mesmo, e embora existam exemplos claros em que exteriorizamos a agressão contra outra pessoa, provocando injúria ou destruição, esse sofrimento tem algo de "justificável" na medida em que faz parte da vida e constitui a "sedução" e a "vitalidade" da própria vida. Há muitas razões para discordar dessa explicação, e nos parágrafos seguintes esboçarei algumas das minhas objeções.

É importante destacar que Nietzsche restringe seu entendimento de responsabilização a essa atribuição juridicamente mediada e tardia. Ao que parece, ele não compreende as outras condições de interlocução em que nos é solicitado fazer um relato de nós mesmos, concentrando-se, ao contrário, numa agressão originária que, segundo ele, faz parte de todo ser humano e, com efeito, coexiste com a própria vida. Para Nietzsche, condenar essa agressão sob um sistema de punições erradicaria essa verdade sobre a vida. A instituição da lei obriga um ser humano originariamente agressivo a voltar essa agressão "para dentro", a construir um mundo interno composto de uma consciência culpada e a expressar essa agressão contra si mesmo em nome da moral: "há uma espécie de loucura da vontade, nessa crueldade psíquica, que é simplesmente sem igual: a *vontade* do homem de sentir-se culpado e desprezível, até ser impossível a expiação" (*GM*, p. 81). Essa agressão, que Nietzsche considera inerente a todo ser humano e à própria vida, volta-se contra a vontade e assume uma segunda vida, até que implode para construir uma consciência que gera a reflexividade seguindo o modelo de autocensura. Essa reflexividade é o precipitado do sujeito, entendido como ser reflexivo, um ser que pode tomar e toma a si mesmo como objeto de reflexão.

Como mencionei anteriormente, Nietzsche não considera outras dimensões linguísticas dessa situação. Se sou responsabilizada por meio de um quadro de referências moral, esse quadro dirige-se primeiro a mim, começa a agir sobre mim, pela interpelação e pelo questionamento do outro. Na verdade, é somente dessa maneira que chego a conhecer esse quadro. Se dou um relato de mim mesma em resposta a tal questionamento, estou implicada numa relação com o outro diante de quem falo e para quem falo. Desse modo, passo a existir como sujeito reflexivo no contexto da geração de um relato narrativo de mim mesma quando alguém fala comigo e quando estou disposta a interpelar quem me interpela.

Em *The Psychic Life of Power* [A vida psíquica do poder],[7] talvez eu tenha aceitado muito apressadamente essa cena punitiva de instauração para o sujeito. De acordo com esse ponto de vista, a instituição da punição me vincula ao meu ato, e quando sou punida por ter feito isto ou aquilo, apareço como sujeito dotado de consciência e, portanto, como sujeito que reflete sobre si mesmo de alguma maneira. A visão da

---

[7] BUTLER, Judith. *The Psychic Life of Power*. Stanford: Stanford University Press, 1997.

formação do sujeito depende do relato de um sujeito que interioriza a lei ou, no mínimo, a corrente causal que o une ao feito pelo qual a instituição da punição busca compensação. Poderíamos dizer que essa explicação nietzschiana do castigo foi fundamental para a explicação foucaultiana do poder disciplinar na prisão. Com certeza foi, mas Foucault difere explicitamente de Nietzsche ao se recusar a generalizar a cena de castigo para explicar como se dá o sujeito reflexivo. O voltar-se contra si mesmo que tipifica o surgimento da má consciência nietzschiana não explica o surgimento da reflexividade em Foucault. Em *O uso dos prazeres*, segundo volume de *História da sexualidade*,[8] Foucault examina as condições em que o si-mesmo toma-se como objeto de reflexão e cultivação, concentrando-se nas formações pré-modernas do sujeito. Enquanto Nietzsche pensa que a ética pode derivar de uma cena aterrorizante de punição, Foucault, afastando-se das reflexões finais de *Genealogia da moral*, concentra-se na criatividade peculiar na qual se envolve a moral e como, em particular, a má consciência se torna um meio para a criação de valores. Para Nietzsche, a moral surge como resposta aterrorizada ao castigo. Mas esse terror resulta ser estranhamente fecundo; a moral e seus preceitos (alma, consciência, má consciência, consciência de si mesmo, autorreflexão e razão instrumental) estão impregnados na crueldade e na agressão voltadas contra si mesmas. A elaboração de uma moral − um conjunto de regras e equivalências − é o efeito sublimado (e invertido) dessa agressão primária voltada contra nós mesmos, a consequência idealizada de um ataque contra nossa destruição e, para Nietzsche, contra nossos impulsos de vida.

---

[8] FOUCAULT, Michel. *The Use of Pleasure: The History of Sexuality, Volume Two*. Nova York: Random House, 1985; *Histoire de la sexualité 2: L'Usage des plaisirs*. Paris: Gallimard, 1984. [Edição brasileira: *História da sexualidade 2: o uso dos prazeres*. Tradução de Maria Thereza da Costa Albuquerque. 13. ed. Rio de Janeiro: Edições Graal, 2009.] Doravante citado no texto como *UP*, com a paginação referindo-se à edição brasileira.

Na verdade, enquanto Nietzsche considera a força do castigo como instrumental para a interiorização da raiva e a consequente produção da má consciência (e outros preceitos morais), Foucault recorre cada vez mais a códigos morais, entendidos como códigos de conduta – e *não* primordialmente códigos de castigo –, para refletir sobre como os sujeitos se constituem em relação a esses códigos, o que nem sempre se baseia na violência da proibição e seus efeitos interiorizadores. O relato magistral de Nietzsche em *Genealogia da moral* nos mostra como, por exemplo, a fúria e a vontade espontânea são interiorizadas para produzir a esfera da "alma", bem como a esfera da moral. Esse processo de interiorização deve ser entendido como uma inversão, uma volta dos impulsos primariamente agressivos contra si próprios, a ação característica da má consciência. Para Foucault, a reflexividade surge quando se assume uma relação com os códigos morais, mas ela não se baseia em um relato da interiorização, ou, em termos mais gerais, da vida psíquica, tampouco em uma redução da moral à má consciência.

Se interpretarmos a crítica de Nietzsche à moral na mesma linha da avaliação freudiana da consciência em *Mal-estar na cultura*, ou em sua descrição da base agressiva da moral em *Totem e tabu*, chegaremos a uma visão totalmente cínica da moral e concluiremos que a conduta humana que busca seguir normas de valor prescritivo é mais motivada por um medo aterrorizado da punição e de seus efeitos injuriosos do que por qualquer desejo de fazer o bem. Deixarei essa leitura comparativa para outra ocasião. Aqui parece importante notar o quanto Foucault queria se distanciar especificamente desse modelo e dessa conclusão quando, no início da década de 1980, decidiu repensar a esfera da ética. Seu interesse foi desviado para uma consideração de como certos códigos prescritivos historicamente estabelecidos determinavam certo tipo de formação do sujeito. Por mais que, em sua obra anterior, ele trate o sujeito como um "efeito" do discurso, nos escritos posteriores ele matiza e aprimora sua posição da seguinte maneira: o sujeito se forma em relação a um conjunto de códigos, prescrições ou normas e o faz de maneiras que não só (a) revelam a constituição de si como um tipo de *poiesis*, mas também (b) estabelecem a criação de si como parte de uma operação de crítica mais ampla. Como argumentei alhures,[9] a realização ética de si mesmo em Foucault não é uma criação radical do si-mesmo *ex nihilo*, mas sim o que ele chama de "circunscrição daquela parte de si que constitui o objeto dessa prática moral" (*UP*, p. 37). Esse trabalho sobre si mesmo, esse ato de circunscrição, acontece no contexto de um conjunto de normas que precede e excede o sujeito. Investidas de poder e obstinação, essas normas estabelecem os limites do que será considerado uma formação inteligível do sujeito dentro de determinado esquema histórico das coisas. Não há criação de si (*poiesis*) fora de um modo de subjetivação (*assujettisement*) e, portanto, não há criação de si fora das normas que orquestram as formas possíveis que o sujeito deve assumir. A prática da crítica, então, expõe os limites do esquema histórico das coisas, o horizonte epistemológico e ontológico dentro do qual os sujeitos podem surgir. Criar-se de tal modo a expor esses limites é precisamente se envolver numa estética do si-mesmo que mantém uma relação crítica com as normas existentes. Numa conferência de 1978 intitulada "What Is Critique?" [O que é a Crítica?], Foucault escreve: "A crítica asseguraria o desassujeitamento no curso do que poderíamos chamar, em uma palavra, de política da verdade".[10]

Na introdução de *O uso dos prazeres*, Foucault especifica essa prática da estilização de si mesmo em relação às normas quando deixa claro que a conduta moral não é uma questão

---

[9] Ver BUTLER, Judith. O que é a crítica? Um ensaio sobre a virtude em Foucault. Tradução de Gustavo Hessmann Dalaqua. *Cadernos de Ética e Filosofia Política*. n. 22, p. 159-179, 2013.

[10] FOUCAULT, Michel. What Is Critique?. In: *The Political*, p. 191-211, aqui p. 194. Esse ensaio foi escrito como conferência proferida na Sociedade Francesa de Filosofia em 27 de maio de 1978 e posteriormente publicado em *Bulletin de la Société Française de la Philosophie,* v. 84, n. 2, p. 35-63, 1990.

de se conformar às prescrições estabelecidas por determinado código, tampouco de interiorizar uma proibição ou interdição primárias. Escreve ele:

> para ser dita "moral" uma ação não deve se reduzir a um ato ou a uma série de atos conformes a uma regra, lei ou valor. É verdade que toda ação moral comporta uma relação ao real em que se efetua [...], e também uma certa relação a si; essa relação não é simplesmente "consciência de si", mas constituição de si enquanto "sujeito moral", na qual o indivíduo circunscreve a parte dele mesmo que constitui o objeto dessa prática moral, define sua posição em relação ao preceito que respeita, estabelece para si um certo modo de ser que valerá como realização moral dele mesmo; e, para tal, age sobre si mesmo, procura conhecer-se, controla-se, põe-se à prova, aperfeiçoa-se, transforma-se. Não existe ação moral particular que não se refira à unidade de uma conduta moral; nem conduta moral que não implique a constituição de si mesmo como sujeito moral; nem tampouco constituição do sujeito moral sem "modos de subjetivação", sem uma "ascética" ou sem "práticas de si" que as apoiem. A ação moral é indissociável dessas formas de atividades sobre si (*UP*, 37).

Para Foucault, tanto como para Nietzsche, a moral reorganiza um impulso criativo. Nietzsche lamenta que a interiorização da moral aconteça pela debilitação da vontade, mesmo que, para ele, essa interiorização constitua "o ventre de acontecimentos ideais e imaginosos" (*GM*, p. 76), o que incluiria, presumivelmente, seus próprios escritos filosóficos, inclusive essa mesma descrição.

Para Foucault, a moral é inventiva, requer inventividade, e além disso, como veremos adiante, tem um custo. No entanto, o "si-mesmo" engendrado pela moral não é concebido como agente psíquico de autocensura. Desde o princípio, a relação que o "eu" vai assumir consigo mesmo, como vai se engendrar em resposta a uma injunção, como vai se formar e que trabalho vai realizar sobre si mesmo – tudo isso é um desafio, quiçá uma pergunta em aberto. A injunção força o ato de criar a si mesmo ou engendrar a si mesmo, ou seja, ela não age de maneira unilateral ou determinística sobre o sujeito. Ela prepara o ambiente para a autocriação do sujeito, que sempre acontece em relação a um conjunto de normas impostas. A norma não produz o sujeito como seu efeito necessário, tampouco o sujeito é totalmente livre para desprezar a norma que inaugura sua reflexividade; o sujeito luta invariavelmente com condições de vida que não poderia ter escolhido. Se nessa luta a capacidade de ação, ou melhor, a liberdade, funciona de alguma maneira, é dentro de um campo facilitador e limitante de restrições. Essa ação ética não é totalmente determinada nem radicalmente livre. Sua luta ou dilema primário devem ser produzidos por um mundo, mesmo que tenhamos de produzi-lo de alguma maneira. Essa luta com as condições não escolhidas da vida – uma ação – também é possível, paradoxalmente, graças à persistência dessa condição primária de falta de liberdade.

Embora muitos críticos tenham afirmado que a visão sobre o sujeito proferida por Foucault – e por outros pós-estruturalistas – solapa a capacidade de realizar deliberações éticas e de fundamentar a ação humana, em seus escritos éticos Foucault recorre à ação e à deliberação, a partir de outras perspectivas, e oferece uma reformulação das duas que merece séria consideração. No último capítulo, analisarei com mais detalhes sua tentativa de fazer um relato de si mesmo. Por ora, gostaria de propor uma pergunta mais geral: a postulação de um sujeito que não funda a si mesmo, ou seja, cujas condições de surgimento jamais poderão ser totalmente explicadas, destrói a possibilidade de responsabilidade e, em particular, de relatar a si mesmo?

Se for de fato verdade que somos, por assim dizer, divididos, infundados ou incoerentes desde o princípio, será impossível encontrar fundamentos para uma noção de responsabilidade pessoal ou social? Argumentarei o contrário, mostrando como uma teoria da formação do sujeito, que reconhece os limites do conhecimento de si, pode sustentar uma concepção da ética e, na verdade, da responsabilidade. Se o sujeito é opaco para si mesmo, não totalmente translúcido e conhecível para si mesmo, ele não está autorizado a fazer o que quer ou a ignorar suas obrigações para com os outros. Decerto o contrário também é verdade. A opacidade do sujeito pode ser uma consequência do fato de se conceber como ser relacional, cujas relações primeiras e primárias nem sempre podem ser apreendidas pelo conhecimento consciente. Momentos de desconhecimento sobre si mesmo tendem a surgir no contexto das relações com os outros, sugerindo que essas relações apelam a formas primárias de relacionalidade que nem sempre podem ser tematizadas de maneira explícita e reflexiva. Se somos formados no contexto de relações que para nós se tornam parcialmente irrecuperáveis, então essa opacidade parece estar embutida na nossa formação e é consequência da nossa condição de seres formados em relações de dependência.

Essa postulação de uma opacidade primária ao si-mesmo que decorre de relações formativas tem uma implicação específica para uma atitude ética para com o outro. Com efeito, se é justamente em virtude das relações para com os outros que o sujeito é opaco para si mesmo, e se essas relações para com os outros são o cenário da responsabilidade ética do sujeito, então se pode deduzir que é justamente em virtude da opacidade do sujeito para consigo que ele contrai e sustenta alguns de seus vínculos éticos mais importantes.

No que resta deste capítulo, examinarei a teoria do último Foucault a respeito da formação do sujeito e considerarei as limitações encontradas quando se tenta usá-la para pensar o outro. Depois passarei para um relato pós-hegeliano do reconhecimento que busca estabelecer as bases sociais para o ato de relatar a si mesmo. Nesse contexto, considerarei a crítica de um modelo hegeliano do reconhecimento proposta por

Adriana Cavarero, filósofa feminista que se baseia na obra de Lévinas e Arendt.[11] No capítulo 2, falarei da psicanálise e dos limites que o inconsciente impõe na reconstrução narrativa de uma vida. Embora sejamos forçados a dar um relato de nossos vários si-mesmos, as condições estruturais em que o fazemos acabarão impossibilitando uma tarefa tão completa. O corpo singular a que se refere uma narrativa não pode ser capturado por uma narrativa completa, não só porque o corpo tem uma história formativa que é irrecuperável para a reflexão, mas também porque os modos em que se formam as relações primárias produzem uma opacidade necessária no nosso entendimento de nós mesmos. O sujeito sempre faz um relato de si mesmo para o outro, seja inventado, seja existente, e o outro estabelece a cena de interpelação como uma relação ética mais primária do que o esforço reflexivo que o sujeito faz para relatar a si mesmo. Além disso, os termos usados para darmos um relato de nós mesmos, para nos fazer inteligíveis para nós e para os outros, não são criados por nós: eles têm caráter social e estabelecem normas sociais, um domínio de falta de liberdade e de substituibilidade em que nossas histórias "singulares" são contadas.

Nessa investigação, uso de maneira eclética vários filósofos e teóricos críticos. Nem todos seus pontos de vista são compatíveis entre si, e não pretendo sintetizá-los aqui.

---

[11] CAVARERO, Adriana. *Relating Narratives: Storytelling and Selfhood.* Tradução para o inglês de Paul A. Kottman. Londres: Routledge, 2000; *Tu che mi guardi, tu che mi racconti.* Milão: Giagiacomo Feltrinelli, 1997. Vale comparar o texto de Cavarero não só com *Word of Selves*, de Riley, mas também com *Oneself as Another*, de Paul Ricœur (Tradução para o inglês de Kathleen Blamey. Chicago: University of Chicago Press, 1992); *Soi-même comme un autre* (Paris: Seuil, 1990) [Edição brasileira: *O si-mesmo como outro*. São Paulo: WMF Martins Fontes, 2014]. Ricœur, como Cavarero, defende tanto a sociabilidade constitutiva do si-mesmo quanto sua capacidade de se apresentar na narrativa, mas os dois o fazem de maneiras diferentes. Riley trata da poesia lírica e do uso da linguagem ordinária, sugerindo um problema não narrativo de referencialidade gerado pela estrutura formal das convenções linguísticas.

Por mais que a síntese não seja meu objetivo, devo dizer que cada teoria sugere algo de importância ética que deriva dos limites que condicionam qualquer esforço que se faça para dar um relato de si mesmo. Partindo desse pressuposto, acredito que o que geralmente consideramos como uma "falha" ética possa muito bem ter uma importância e um valor ético que ainda não foram corretamente determinados por aqueles que equiparam, de maneira muito apressada, o pós-estruturalismo com o niilismo moral.

No capítulo 3, considero os esforços diacrônicos e sincrônicos de estabelecer o surgimento do sujeito, incluindo as implicações éticas dessas descrições da formação do sujeito. Também estudo a contribuição de Adorno para a teoria da responsabilidade que pode conciliar as chamadas dimensões humanas e inumanas das disposições éticas, examinando como a política crítica relaciona-se com a ética e, com efeito, com a moral que por vezes exige que o sujeito faça um relato de si mesmo em primeira pessoa. Espero mostrar que a moral não é um sintoma de suas condições sociais, tampouco um lugar de transcendência dessas condições, mas que é essencial para determinar a ação e a possibilidade de esperança. Com a ajuda da autocrítica de Foucault, talvez seja possível mostrar que a questão da ética surge precisamente nos limites de nossos esquemas de inteligibilidade, lugar onde nos perguntamos o que significaria continuar um diálogo em que não se pode assumir nenhuma base comum, onde nos encontramos, por assim dizer, nos limites do que conhecemos, mas onde ainda nos é exigido dar e receber reconhecimento: a alguém que está ali para ser interpelado e cuja interpelação deve ser acolhida.

Sujeitos foucaultianos

No relato foucaultiano da constituição de si, questão central em sua obra na década de 1980, os termos que possibilitam o reconhecimento de si são dados por um regime de verdade. Esses termos estão fora do sujeito até certo ponto, mas também são apresentados como as normas disponíveis, pelas quais o reconhecimento de si acontece, de modo que o que posso "ser", de maneira bem literal, é limitado de antemão por um regime de verdade que decide quais formas de ser serão reconhecíveis e não reconhecíveis. Embora esse regime decida de antemão qual forma o reconhecimento pode assumir, ele não a restringe. Na verdade, "decidir" talvez seja uma palavra muito forte, pois o regime de verdade fornece um quadro para a cena de reconhecimento, delineando quem será classificado como sujeito de reconhecimento e oferecendo normas disponíveis para o ato de reconhecimento. Para Foucault, sempre haverá uma relação com esse regime, um modo de engendramento de si que acontece no contexto das normas em questão e, especificamente, elabora uma resposta para a pergunta sobre quem será o "eu" em relação a essas normas. Nesse cenário, nossas decisões não são determinadas pelas normas, embora as normas apresentem o quadro e o ponto de referência para quaisquer decisões que venhamos a tomar. Isso não significa que dado regime de verdade estabeleça um quadro invariável para o reconhecimento; significa apenas que é em relação a esse quadro que o reconhecimento acontece, ou que as normas que governam o reconhecimento são contestadas e transformadas.

No entanto, Foucault não defende apenas que exista uma relação com essas normas, mas também que qualquer relação com o regime de verdade será ao mesmo tempo uma relação comigo mesma. Uma operação crítica não pode acontecer sem essa dimensão reflexiva. Pôr em questão um regime de verdade, quando é o regime que governa a subjetivação, é pôr em questão a verdade de mim mesma e, com efeito, minha capacidade de dizer a verdade sobre mim mesma, de fazer um relato de mim mesma.

Desse modo, se questiono o regime de verdade, questiono também o regime pelo qual se atribuem o ser e minha própria condição ontológica. A crítica não diz respeito apenas *a* uma prática social determinada ou *a* certo horizonte de inteligibilidade em que surgem as práticas e instituições; ela também significa que sou questionada por mim mesma. Para Foucault, o questionamento de si torna-se consequência ética da crítica, como ele deixa claro em "O que é a Crítica?". Também resulta que esse tipo de questionamento de si envolve colocar-se em risco, colocar em perigo a própria possibilidade de reconhecimento por parte dos outros, uma vez que questionar as normas de reconhecimento que governam o que eu poderia ser, perguntar o que elas deixam de fora e o que poderiam ser forçadas a abrigar, é o mesmo que, em relação ao regime atual, correr o risco de não ser reconhecido como sujeito, ou pelo menos suscitar as perguntas sobre quem sou (ou posso ser) ou se sou ou não reconhecível.

Essas questões implicam pelo menos dois tipos de pergunta para a filosofia ética. Primeiro, quais são essas normas às quais se entrega meu próprio ser, que têm o poder de me estabelecer ou, com efeito, desestabelecer-me como sujeito reconhecível? Segundo, onde está e quem é esse outro? A noção de outro pode incluir o quadro de referência e o horizonte normativo que sustentam e conferem meu potencial de me tornar sujeito reconhecível? Parece correto criticar Foucault por não ter explicitamente dado mais espaço para o outro na sua consideração sobre a ética. Talvez isso se deva ao fato de a cena diádica do si-mesmo e do outro não poder descrever adequadamente o funcionamento social da normatividade que condiciona tanto a produção do sujeito como a troca intersubjetiva. Se concluirmos que o fato de Foucault não pensar o outro é decisivo, provavelmente teremos negligenciado o fato de que o próprio ser do si-mesmo é dependente não só da existência do outro em sua singularidade (como teria dito Lévinas), mas também da dimensão social da normatividade que governa a cena de reconhecimento.[12] Essa dimensão social da normativi-

---

[12]Ver LÉVINAS, Emmanuel. *Otherwise than Being, or beyond Essence*. Tradução para o inglês de Alphonso Lingis. Haia: Martinus Nijhoff, 1981; *Autrement*

dade precede e condiciona qualquer troca diádica, mesmo que pareça que façamos contato com essa esfera da normatividade precisamente no contexto dessas trocas imediatas.

As normas pelas quais eu reconheço o outro ou a mim mesma não são só minhas. Elas funcionam uma vez que são sociais e excedem cada troca diádica que condicionam. Sua sociabilidade, no entanto, não pode ser entendida como totalidade estruturalista, tampouco como invariabilidade transcendental ou quase-transcendental. Sem dúvida, alguns argumentariam que para o reconhecimento ser possível as normas já devem existir, e de fato há alguma verdade nessa afirmação. Também é verdade que certas práticas de reconhecimento, aliás, certas falhas na prática de reconhecimento, marcam um lugar de ruptura no horizonte da normatividade e implicitamente pedem pela instituição de novas normas, pondo em questão o caráter dado do horizonte normativo prevalecente. O horizonte normativo no qual eu vejo o outro e, com efeito, no qual o outro me vê, me escuta, me conhece e me reconhece também é alvo de uma abertura crítica.

Será inútil, portanto, diluir a noção do outro na sociabilidade das normas e afirmar que o outro está implicitamente presente nas normas pelas quais se confere o reconhecimento. Às vezes a própria falta de reconhecimento do outro provoca uma crise nas normas que governam o reconhecimento. Se e quando, na tentativa de conceder ou receber um reconhecimento que é frustrado repetidas vezes, eu ponho em questão o horizonte normativo em que o reconhecimento acontece, esse questionamento faz parte do desejo de reconhecimento, desejo que pode não ser satisfeito e cuja insatisfabilidade estabelece um ponto crítico de partida para o questionamento das normas disponíveis.

Na visão de Foucault, essa abertura põe em questão os limites dos regimes de verdade estabelecidos, e, com isso,

---

qu'être ou au-delà de l'essence. Haia: Martinus Nijhoff, 1974. Doravante citado no texto como *OB*, com a paginação referindo-se à edição em inglês.

pôr em risco o si-mesmo torna-se sinal de virtude.[13] O que ele não diz é que, algumas vezes, pôr em questão o regime de verdade pelo qual se estabelece minha própria verdade é um ato motivado pelo desejo de reconhecer o outro ou de ser reconhecido pelo outro. A impossibilidade de fazê-lo de acordo com as normas disponíveis me obriga a adotar uma relação crítica com essas normas. Para Foucault, o regime de verdade é posto em questão porque "eu" não posso ou não vou me reconhecer nos termos que me são disponíveis. Em um esforço para evitar ou superar os termos pelos quais a subjetivação acontece, minha luta com as normas é minha própria luta. Com efeito, a pergunta de Foucault continua sendo "Quem eu posso ser, dado o regime de verdade que determina qual é minha ontologia?". Ele não pergunta "Quem és tu?" nem traça um caminho no qual se poderia elaborar uma perspectiva crítica sobre as normas partindo de uma dessas questões. Antes de considerarmos as consequências dessa oclusão, quero propor uma questão final sobre Foucault, ainda que mais adiante eu retorne a ele.

Ao fazer a pergunta ética "Como devo tratar o outro?", prendo-me imediatamente em um campo de normatividade social, uma vez que o outro só aparece para mim, só funciona para mim como outro, se há um quadro de referência dentro do qual eu posso vê-lo e apreendê-lo em sua separabilidade e exterioridade. Desse modo, ainda que eu pense na relação ética como diádica ou pré-social, fico presa na esfera da normatividade e na problemática do poder quando coloco a questão ética em sua objetividade e simplicidade: "Como devo tratar-te?". Se o "eu" e o "tu" devem existir previamente, e se é necessário um quadro normativo para esse surgimento e encontro, então a função das normas não é só direcionar minha conduta, mas também condicionar o possível surgimento de um encontro entre mim mesmo e o outro.

---

[13]FOUCAULT. What Is Critique?, p. 192.

A perspectiva de primeira pessoa assumida pela questão ética, bem como a interpelação direta a um "tu", é desorientada por essa dependência fundamental da esfera ética a respeito do social. Quer o outro seja ou não singular, ele é reconhecido e oferece reconhecimento através de um conjunto de normas que governam a reconhecibilidade. Portanto, considerando que o outro pode ser singular, talvez até radicalmente pessoal, as normas são, até certo ponto, impessoais e indiferentes, e introduzem uma desorientação de perspectiva para o sujeito no meio do reconhecimento como encontro. Se entendo que estou te conferindo reconhecimento, por exemplo, tomo com seriedade o fato de que esse reconhecimento vem de mim. Mas no momento em que percebo que os termos pelos quais confiro reconhecimento não são só meus, que não fui eu quem os criou ou os arquitetou sozinha, sou, por assim dizer, despossuída pela linguagem que ofereço. Em certo sentido, submeto-me a uma norma de reconhecimento quando te ofereço reconhecimento, ou seja, o "eu" não oferece o reconhecimento por conta própria. Na verdade, parece que o "eu" está sujeito à norma no momento em que faz a oferta, de modo que se torna instrumento da ação daquela norma. Assim, o "eu" parece invariavelmente *usado* pela norma na medida em que tenta usá-la. Embora eu pense que estivesse tendo uma relação com o "tu", descubro que estou presa em uma luta com as normas. Mas poderia também ser verdade que eu não estaria envolvida numa luta com as normas se não fosse pelo desejo de oferecer reconhecimento a um tu? Como entendemos esse desejo?

Questões pós-hegelianas

> *Só posso reconhecer a mim mesmo reconhecido pelo outro*
> *uma vez que o reconhecimento do outro me altera:*
> *esse desejo, é ele que vibra no desejo.*
> Jean-Luc Nancy, *The Relentlessness of the Negative*

Talvez o exemplo que acabei de considerar seja equivocado, porque, como teria dito Hegel, o reconhecimento não pode ser dado de maneira unilateral. No momento em que reconheço, sou potencialmente reconhecido, e a forma em que ofereço o reconhecimento é potencialmente dada para mim. Essa reciprocidade implícita aparece na *Fenomenologia do espírito* quando, na seção intitulada "Dominação e escravidão", uma consciência de si percebe que não pode ter um efeito unilateral sobre outra consciência de si. Como são estruturalmente semelhantes, a ação de uma implica a ação da outra. A consciência de si aprende essa lição primeiro no contexto da agressão para com o outro, num esforço vão para destruir a similaridade estrutural entre as duas e recolocar-se em posição soberana: "esse agir de uma tem o duplo sentido de ser tanto o *seu agir* como *o agir da outra*. [...] Cada uma vê *a outra fazer* o que ela faz; cada uma faz o que da outra exige – portanto faz *somente o que faz* enquanto a outra faz o mesmo".[14]

De maneira semelhante, quando o reconhecimento torna-se possível entre esses dois sujeitos competidores, ele jamais pode se esquivar da condição estrutural da reciprocidade implícita. Poderíamos dizer, portanto, que nunca ofereço reconhecimento no sentido hegeliano como pura oferta, pois sou também reconhecida, pelo menos em termos potenciais e estruturais, no momento e no ato da oferta. Poderíamos perguntar, como certamente o fez Lévinas acerca da posição hegeliana, que tipo de dádiva é essa que retorna tão rápido para mim, que nunca realmente sai das minhas mãos. O reconhecimento, como argumenta Hegel, consiste em um ato recíproco pelo qual reconheço que o outro tem a mesma estrutura que eu? Reconheço que o outro também reconhece ou pode reconhecer essa mesmidade? Ou será que aqui existe outro encontro com a alteridade que é irredutível

---

[14]HEGEL, G. W. F. *The Phenomenology of Spirit*. Tradução para o inglês de A. V. Miller. Oxford: Oxford University Press, 1977. p. 111-112; *Werke in zwanzig Bänden*. Frankfurt: Suhrkamp, 1980. v. 3 [Edição brasileira: *Fenomenologia do espírito*. Tradução de Paulo Meneses. 8. ed. Petrópolis: Vozes, 2013. p. 127.]

à mesmidade? Se for este o caso, como devemos compreender essa alteridade?

O outro hegeliano está sempre fora; pelo menos, ele é *primeiro* encontrado fora e só depois reconhecido como constitutivo do sujeito. Isso levou alguns críticos de Hegel a concluir que o sujeito hegeliano efetua uma assimilação completa do que é exterior em um conjunto de características internas ao si-mesmo, que seu gesto característico é o da *apropriação*, e seu estilo é o do imperialismo. Outras leituras de Hegel, no entanto, afirmam que a relação com o outro é extática,[15] que o "eu" se encontra repetidamente fora de si mesmo e que nada pode pôr um fim no surto repetido dessa exterioridade que, paradoxalmente, é minha exterioridade. Sempre sou, por assim dizer, outro para mim mesma, e não há um momento final em que aconteça meu retorno a mim mesma. Na verdade, se seguirmos a *Fenomenologia do espírito*, sou invariavelmente transformada pelos encontros que vivencio; o reconhecimento se torna o processo pelo qual eu me torno outro diferente do que fui e assim deixo de ser capaz de retornar ao que eu era. Desse modo, há uma perda constitutiva no processo de reconhecimento, uma vez que o "eu" é transformado pelo ato de reconhecimento. Nem todo seu passado é apreendido e conhecido no ato de reconhecimento; o ato altera a organização do passado e seu significado ao mesmo tempo que transforma o presente de quem é reconhecido. O reconhecimento é um ato em que o "retorno a si mesmo" torna-se impossível também por outra razão. O encontro com o outro realiza uma transformação do si-mesmo da qual não há retorno. No decorrer dessa troca

---

[15]Ver ROTENSTREICH, Nathan. On the Ecstatic Sources of the Concept of Alienation. In: *Review of Metaphysics*, 1963; NANCY, Jean-Luc. *Hegel: The Restlessness of the Negative*. Tradução para o inglês de Jason Smith e Steven Miller. Minneapolis: University of Minnesota Press, 2002, em francês: *Hegel: L'Inquiétude du négatif*. Paris: Hachette Littératures, 1997; MALABOU, Catherine. *L'Avenir de Hegel: Plasticité, temporalité, dialectique*. Paris: J. Vrin, 1996.

reconhece-se que o si-mesmo é o tipo de ser para o qual a permanência dentro de si prova-se impossível. O si-mesmo é obrigado a se comportar *fora de si mesmo*; descobre que a única maneira de se conhecer é pela mediação que acontece fora de si, exterior a si, em virtude de uma convenção ou norma que ele não criou, na qual não pode discernir-se como autor ou agente de sua própria construção. Nesse sentido, então, para o sujeito hegeliano do reconhecimento, a hesitação entre perda e êxtase é inevitável. A possibilidade do "eu", de falar do "eu" e conhecê-lo, reside numa perspectiva que desloca a perspectiva de primeira pessoa que ela condiciona.

A perspectiva que tanto me condiciona como me desorienta, partindo da mera possibilidade de minha própria perspectiva, não é redutível à perspectiva do outro, pois esta também governa a possibilidade de eu reconhecer o outro e de o outro me reconhecer. Não somos simples díades independentes, uma vez que nossa troca é condicionada e mediada pela linguagem, pelas convenções, pela sedimentação das normas que são de caráter social e que excedem a perspectiva daqueles envolvidos na troca. Então como devemos entender a perspectiva impessoal pela qual nosso encontro pessoal é ocasionado e desorientado?

Embora Hegel seja acusado algumas vezes de entender o reconhecimento como uma estrutura diádica, percebemos que, na *Fenomenologia*, a luta por reconhecimento não é a última palavra. É importante notar que essa luta, conforme representada na *Fenomenologia*, revela a impropriedade da díade como quadro de referência para entender a vida social. Afinal, o que resulta dessa cena é um sistema de costumes (*Sittlichkeit*), e disso um relato social das normas pelas quais o reconhecimento recíproco pode ser sustentado de maneiras mais estáveis do que supuria a luta de vida ou de morte ou o sistema de servidão.

A troca diádica refere-se a um conjunto de normas que excede as perspectivas daqueles envolvidos na luta pelo reconhecimento. Quando perguntamos o que torna possível o reconhecimento, descobrimos que não pode ser simplesmente o outro capaz de me conhecer e me reconhecer como dotada de um talento ou uma capacidade especial, pois esse outro também terá de se basear em certos critérios, ainda que apenas implicitamente, para estabelecer o que será e não será reconhecível sobre o si-mesmo para todos, um quadro de referência também para me ver e julgar quem sou. Nesse sentido, o outro confere reconhecimento – e resta-nos saber precisamente no que isso consiste – primariamente em virtude de capacidades internas especiais para discernir quem eu posso ser, para ler meu rosto. Se meu rosto é de fato legível, só chega a sê-lo porque entra em um quadro visual que condiciona sua legibilidade. Se alguém é capaz de me "ler" enquanto outros não conseguem, será apenas porque aqueles têm talentos internos que faltam nestes? Ou será que determinada prática de leitura torna-se possível em relação a certos quadros e imagens que, com o tempo, produzem o que chamamos de "capacidade"? Por exemplo, se tivermos de responder eticamente a um rosto humano, primeiro tem de haver um quadro de referências para o humano que possa incluir qualquer número de variações como instâncias disponíveis. Mas, tendo em vista o quanto a representação visual do "humano" é discutida, talvez pareça que nossa capacidade de responder a um rosto como rosto humano seja condicionada e mediada por quadros de referência variavelmente humanizadores e desumanizadores.

A possibilidade de uma resposta ética ao rosto, portanto, requer a normatividade do campo visual: já existe não só um quadro epistemológico dentro do qual o rosto aparece, mas também uma operação de poder, uma vez que somente em virtude de certos tipos de disposições antropológicas e quadros culturais determinado rosto parecerá ser um rosto humano para qualquer um de nós.[16] Afinal, sob quais condições alguns

---

[16] Para outra reflexão sobre o assunto, ver "Precarious Life", último capítulo do meu livro *Precarious Life: The Powers of Mourning and Violence*. Londres: Verso, 2004.

indivíduos adquirem um rosto legível e visível, e outros não? Há uma linguagem que enquadra o encontro, e embutido nessa linguagem está um conjunto de normas referentes ao que constituirá e não constituirá a reconhecibilidade. Esse é o argumento de Foucault e, de certo modo, seu complemento a Hegel quando pergunta "O que posso me tornar, dada a ordem contemporânea do ser?". Em "O que é a Crítica?", Foucault escreve: "O que 'eu' sou, então, eu que pertenço a essa humanidade, talvez um fragmento dela, nesse momento, nesse instante de humanidade que está sujeita ao poder da verdade em geral e das verdades em particular?".[17] Ele entende que essa "ordem" condiciona a possibilidade de seu devir, e que um regime de verdade, em suas palavras, determina o que constituirá e não constituirá a verdade de seu si-mesmo, a verdade que ele oferece sobre si mesmo, a verdade pela qual ele poderia ser conhecido e tornar-se reconhecidamente humano, o relato que poderia dar de si mesmo.

"Quem és?"

> *Tu não me conheces, insiste o anonimato. E agora?*
> Leigh Gilmore, *The Limits of Autobiography*

Embora a teoria social do reconhecimento insista no papel das normas quando se trata de construir a inteligibilidade do sujeito, nós entramos em contato com elas principalmente por meio de trocas imediatas e vitais, nos modos pelos quais nos interpelam e nos pedem para responder à pergunta sobre quem somos e qual deveria ser nossa relação com os outros. Dado que essas normas agem sobre nós no contexto da interpelação, o problema da singularidade pode servir como ponto de partida para entender as ocasiões específicas de interpelação pelas quais nos apropriamos dessas normas numa moral viva. Numa linha de raciocínio levinasiana – embora talvez mais

---

[17] FOUCAULT. What Is Critique?, p. 191.

decididamente arendtiana –, Adriana Cavarero argumenta que a pergunta a se fazer não é "o que" somos, como se a tarefa fosse apenas preencher o conteúdo de nossa personalidade. A pergunta não é primariamente reflexiva, uma pergunta que fazemos a nós mesmos, como é para Foucault quando pergunta "O que posso me tornar?". Para Cavarero, a própria estrutura de interpelação pela qual a pergunta é feita nos dá uma pista para entender seu significado. A pergunta mais central para o reconhecimento é direta e voltada para o outro: "Quem és tu?". Essa pergunta pressupõe que diante de nós existe um outro que não conhecemos e não podemos apreender totalmente, alguém cujas unicidade e não substituibilidade impõem um limite ao modelo de reconhecimento recíproco oferecido no esquema hegeliano e, em termos mais gerais, à possibilidade de conhecer o outro.

Cavarero salienta o tipo de ação realizado por esse ato de fala e fundamenta sua opinião numa concepção arendtiana do social, explorada por sua importância ética. Para isso, ela cita *A condição humana*, de Arendt: "A ação e o discurso são tão intimamente relacionados porque o ato primordial e especificamente humano deve conter, ao mesmo tempo, resposta à pergunta que se faz a todo recém-chegado: 'Quem és?'".[18]

Em *Relating Narratives*, Cavarero oferece uma abordagem radicalmente antinietzschiana à ética na qual, diz ela, a pergunta sobre "quem" abre a possibilidade do altruísmo. Quando fala da "pergunta sobre quem", ela não se refere à pergunta "Quem fez isso a quem?", ou seja, a pergunta da responsabilização moral estrita. Ao contrário, trata-se de uma pergunta que afirma que existe um outro que não me é totalmente conhecido ou conhecível. No capítulo 2 de seu

---

[18] ARENDT, Hannah. *The Human Condition*. Chicago: University of Chicago Press, 1958. p. 183. [Edição brasileira: *A condição humana*. Tradução de Roberto Raposo. 11. ed. rev. Rio de Janeiro: Forense Universitária, 2010. p. 223]. Citado parcialmente em CAVARERO. *Relating Narratives*, p. 20. As próximas referências ao livro de Cavarero serão indicadas com o número das páginas diretamente no texto.

livro, Cavarero argumenta que Arendt concentra-se numa política do "quem" para estabelecer uma política relacional, em que a exposição e a vulnerabilidade do outro criam para mim uma reivindicação ética (p. 20-29).

Em nítido contraste com a visão nietzschiana de que a vida está essencialmente ligada à destruição e ao sofrimento, Cavarero argumenta que somos seres que, por necessidade, têm sua vulnerabilidade e singularidade *expostas* aos outros, e que nossa situação política consiste parcialmente em aprender a melhor maneira de manejar – e honrar – essa exposição constante e necessária. Em certo sentido, essa teoria do "fora" do sujeito radicaliza a tendência extática da posição hegeliana. Segundo Cavarero, eu não sou, por assim dizer, um sujeito interior, fechado em si mesmo, solipsista, que põe questões apenas para si mesmo. Eu existo em um sentido importante para o tu e em virtude do tu. Se perco as condições de interpelação é porque não tenho um "tu" a quem interpelar, e assim também perco "eu mesma". Para ela, só se pode contar uma autobiografia para o outro, e só se pode fazer referência a um "eu" em relação a um "tu": sem o "tu", minha própria narrativa torna-se impossível.

Para Cavarero, essa posição implica uma crítica aos modos convencionais de entender a sociabilidade, e nesse sentido ela inverte o progresso que vimos em Hegel. Enquanto a *Fenomenologia do espírito* passa do cenário da díade para a teoria social do reconhecimento, para Cavarero é necessário fundamentar o social no encontro diádico. Escreve ela:

> O "tu" vem antes do *nós*, antes do plural *vós* e antes de *eles*. Sintomaticamente, "tu" é um termo que não figura muito bem nos desenvolvimentos modernos e contemporâneos da ética e da política. O "tu" é ignorado pelas doutrinas individualistas, preocupadas demais em elogiar os direitos do *eu*, e o "tu" é encoberto por uma forma kantiana de ética que só é capaz de representar o *eu* que interpela a si mesmo como um "tu" conhecido. O "tu" também não encontra

espaço nas escolas de pensamento às quais se opõe o individualismo – na maioria das vezes, essas escolas mostram-se afetadas por um vício moralista que, para evitar incorrer na decadência do *eu*, esquiva-se da contingência do *tu* e privilegia pronomes coletivos plurais. Com efeito, muitos movimentos revolucionários (que variam do comunismo tradicional ao feminismo da irmandade) parecem compartilhar de um código linguístico curioso baseado na moral intrínseca dos pronomes. O *nós* é sempre positivo, o *vós* é um aliado possível, o *eles* tem o rosto de um antagonista, o *eu* é impróprio, e o *tu* é, obviamente, supérfluo (p. 90-91).

Para Cavarero, o "eu" encontra não só este ou aquele atributo do outro, mas também o fato de esse outro ser fundamentalmente exposto, visível, percebido, existente de maneira corporal e necessária no domínio da aparência. De certo modo, *essa* exposição que eu sou constitui minha singularidade. Por mais que eu queira, não posso me livrar dela, pois é uma característica da minha corporalidade e, nesse sentido, da minha vida. Não obstante, não é algo que posso controlar. Poderíamos recorrer ao linguajar heideggeriano para explicar a visão de Cavarero e dizer que ninguém pode ser exposto em meu lugar, e por isso sou insubstituível. Mas a teoria social derivada de Hegel, na sua insistência em relação à perspectiva impessoal da norma, contradiz isso ao estabelecer minha substituibilidade? Em relação à norma, sou substituível? No entanto, Cavarero argumenta que, como ser constituído corporalmente na esfera pública, sou um ser exposto e singular, e isso faz parte da minha publicidade, talvez até da minha sociabilidade, tanto quanto o faz a forma pela qual me torno reconhecível por obra da operação das normas.

O argumento de Cavarero tanto enfraquece a explicação nietzschiana da agressão e da punição como limita as reivindicações que a sociabilidade hegeliana exerce sobre nós; ele também dá um direcionamento para uma diferente teoria do reconhecimento. É preciso fazer pelo menos duas observações aqui. A primeira tem a ver com nossa dependência fundamental do outro, o fato de que não podemos existir sem interpelar o outro e sem sermos interpelados por ele, e que é impossível nos livrarmos da nossa sociabilidade fundamental, por mais que queiramos. (Mesmo que Cavarero seja contra o uso do plural "nós", veja que aqui recorro a ele precisamente porque não estou convencida de que devemos abandoná-lo.) A segunda observação limita a primeira. Por mais que cada um de nós deseje o reconhecimento e o exija, nós não somos como o outro, e, da mesma maneira, nem tudo vale como reconhecimento. Embora eu tenha argumentado que ninguém pode reconhecer o outro apenas em virtude de habilidades críticas ou psicológicas especiais e que as normas condicionam a possibilidade de reconhecimento, acontece que, na verdade, nós nos sentimos mais reconhecidos de maneira apropriada por uns do que por outros. E essa diferença não pode ser explicada somente com o recurso à noção de que a norma funciona de maneira variável. Cavarero defende a irredutibilidade de cada um dos nossos seres, irredutibilidade que fica clara nas histórias distintas que temos de contar, de modo que qualquer tentativa de nos identificarmos totalmente com um "nós" coletivo será necessariamente um fracasso. Nas palavras de Cavarero:

> o que chamamos de ética altruísta da relação não dá suporte à empatia, à identificação ou a confusões. Ao contrário, essa ética deseja um *tu* que seja verdadeiramente um outro, na sua unicidade e distinção. Por mais que tu sejas semelhante e consoante, diz essa ética, tua história jamais será minha história. Por mais que nossas histórias de vida tenham peculiaridades semelhantes, eu continuo não me reconhecendo *em* ti e ainda menos no *nós* coletivo (p. 92).

A unicidade do outro é exposta para mim, mas a minha também é exposta para o outro. Isso não significa que sejamos o mesmo, mas apenas que estamos ligados um ao outro por aquilo que nos diferencia, a saber, nossa singularidade. A noção de singularidade costuma estar ligada ao romantismo existencial e com uma pretensão de autenticidade, mas acredito que, precisamente por não ter conteúdo, minha singularidade tenha algumas propriedades em comum com a do outro e por isso, em certa medida, seja um termo substituível. Em outras palavras, mesmo que Cavarero argumente que a singularidade estabelece um limite à substituibilidade, ela também argumenta que a singularidade não tem conteúdo definidor além da irredutibilidade da exposição, de ser *este* corpo exposto a uma publicidade que é, variável e alternadamente, íntima e anônima. Hegel analisa o "este" na *Fenomenologia*, apontando que ele nunca especifica sem generalizar, que o termo, em sua própria substituibilidade, destrói a especificidade que busca mostrar: "Quando digo: uma *coisa* singular, eu a enuncio antes como de todo universal, pois uma coisa singular todas são; e igualmente, *esta* coisa é tudo que se quiser. Determinando mais exatamente, como *este pedaço de papel*, nesse caso, *todo* e *cada* papel é um *este* pedaço de papel, e o que eu disse foi sempre e somente o universal".[19] Uma vez que "este" fato de singularizar a exposição, que deriva da existência corporal, pode ser reiterado continuamente, ele constitui uma condição coletiva, caracterizando todos nós de maneira igual, não só restabelecendo o "nós", mas também estabelecendo uma estrutura de substituibilidade no núcleo da singularidade.

Seria possível pensar que essa conclusão é muito alegremente hegeliana, mas eu gostaria de questioná-la um pouco mais, pois acredito que ela tem consequências éticas para o problema de fazer um relato de si mesmo para o outro. Essa exposição, por exemplo, não pode ser narrada. Não posso relatá-la, mesmo que ela estruture qualquer relato que eu possa dar. As normas pelas quais busco me tornar reconhecível não

---

[19]HEGEL, *Fenomenologia do espírito*, p. 91-92.

são totalmente minhas: elas não nascem comigo; a temporalidade de seu surgimento não coincide com a temporalidade da minha vida. Então, ao viver minha vida como um ser reconhecível, vivo um vetor de temporalidades, uma das quais tem minha morte como término, mas a outra consiste na temporalidade social e histórica das normas pelas quais é estabelecida e mantida minha reconhecibilidade. De certo modo, essas normas são indiferentes para mim, para minha vida e para minha morte. Como as normas surgem, transformam-se e subsistem de acordo com uma temporalidade que não é a mesma da minha vida, e como, em vários aspectos, elas sustentam minha vida em sua inteligibilidade, a temporalidade das normas interrompe o tempo da minha vida. Paradoxalmente, é essa interrupção, essa desorientação da perspectiva da minha vida, essa instância de uma indiferença na sociabilidade, que sustenta meu viver.

Foucault toca dramaticamente no assunto em seu ensaio "Politics and the Study of Discourse", quando escreve: "Sei tanto quanto qualquer pessoa como essa pesquisa pode ser 'ingrata', como é irritante abordar discursos não por intermédio da consciência gentil, silenciosa e íntima que se expressa por eles, mas por intermédio de um conjunto obscuro de regras anônimas". E prossegue: "Devo supor que, em meu discurso, o que está em jogo não é minha própria sobrevivência? E que, ao falar, não exorcizo minha morte, mas a estabeleço; ou melhor, que reprimo toda interioridade e concedo minha elocução a um exterior que é tão indiferente para minha vida, tão *neutro*, que não sabe da diferença entre minha vida e minha morte?" Essas questões retóricas assinalam uma sensação de inevitabilidade frente ao fato de que a própria vida não pode ser redimida ou estendida pelo discurso (ainda que elogiem tacitamente o discurso como aquilo que, no fim, tem uma vida mais robusta que a nossa). Para aqueles que acreditam que a linguagem abriga uma subjetividade íntima, cuja morte é superada também na linguagem, Foucault escreve: "não podem suportar – e é possível compreendê-los um pouco

– que lhe digam: o discurso não é a vida; o tempo dele não é o nosso".[20]

Desse modo, o relato que dou de mim mesma no discurso nunca expressa ou carrega totalmente esse si-mesmo vivente. Minhas palavras são levadas enquanto as digo, interrompidas pelo tempo de um discurso que não é o mesmo tempo da minha vida. Essa "interrupção" recusa a ideia de que o relato que dou é fundamentado apenas em mim, pois as estruturas indiferentes que permitem meu viver pertencem a uma sociabilidade que me excede.

Com efeito, essa interrupção e essa despossessão da minha perspectiva *como minha* pode acontecer de diferentes maneiras. Há uma norma em atuação, invariavelmente social, que condiciona o que será e o que não será um relato reconhecível, exemplificada no fato de que sou usada pela norma precisamente na medida em que a uso. E não é possível fazer nenhum relato de mim mesma que, em certa medida, não se conforme às normas que governam o humanamente reconhecível ou negocie esses termos de alguma maneira, com vários riscos originando-se dessa negociação. Mas, como tentarei explicar adiante, também acontece que dou um relato de mim mesma para alguém, e o destinatário desse relato, real ou imaginário, também interrompe a sensação de que esse relato é de fato meu. Se dou um relato de mim mesma para alguém, sou obrigada a revelá-lo, cedê-lo, dispor-me dele no momento em que o estabeleço como meu. É impossível fazer um relato de si mesmo fora da estrutura de interpelação, mesmo que o interpelado continue implícito e sem nome, anônimo, indefinido. A interpelação é que define o relato que se faz de si mesmo, e este só se completa quando é efetivamente extraído e expropriado do domínio daquilo

---

[20]FOUCAULT, Michel. Politics and the Study of Discourse. In: *The Foucault Effect: Studies in Governmentality*. Organização de Graham Burchell, Colin Gordon e Peter Miller. Chicago: University of Chicago Press, 1991. p. 71-72.

que é meu. É somente na despossessão que posso fazer e faço qualquer relato de mim mesma.

Se tento dar um relato de mim mesma, e se tento me fazer reconhecível e compreensível, devo começar com um relato narrativo da minha vida. Mas essa narrativa será desorientada pelo que não é meu, ou não é só meu. E, até certo ponto, terei de me fazer substituível para me fazer reconhecível. A autoridade narrativa do "eu" deve dar lugar à perspectiva e à temporalidade de um conjunto de normas que contesta a singularidade de minha história.

Certamente podemos continuar contando nossas histórias, e haverá muitas razões para fazermos isso. Mas não teremos condições de transparecer muita confiança quando tentamos dar um relato completo com estrutura narrativa. O "eu" não pode contar a história de seu próprio surgimento, nem as condições de sua própria possibilidade, sem dar testemunho de um estado de coisas que ele poderia não ter presenciado, que é anterior ao seu próprio surgimento como sujeito cognoscitivo, e assim constituir um conjunto de origens que só pode ser narrado à custa de um conhecimento confiável. Certamente a narração é possível nessas circunstâncias, mas, como afirmou Thomas Keenan, ela é certamente fabulosa.[21] Em geral, a narração ficcional não requer nenhum referente para funcionar como narrativa, e podemos dizer que a irreconhecibilidade e a forclusão do referente é a própria condição de possibilidade para um relato narrativo de mim mesma. A irrecuperabilidade de um referente original não destrói a narrativa; ela a produz "numa direção ficcional", como diria Lacan. Para ser mais precisa, eu teria de dizer que posso contar a história de minha origem e posso recontá-la diversas vezes, de diversas maneiras. Mas a história que conto de minha origem não é uma história pela qual me responsabilizo, e ela não pode

---

[21] KEENAN, Thomas. *Fables of Responsibility: Aberrations and Predicaments in Ethics and Politics.* Stanford: Stanford University Press, 1997.

estabelecer minha responsabilização. Pelo menos esperamos que não, uma vez que, comumente sob o efeito do vinho, eu a conto de diversas maneiras, e nem sempre elas são consistentes uma com a outra. Com efeito, talvez ter uma origem signifique justamente ter várias versões possíveis dela – acredito que isso seja parte do que Nietzsche queria dizer ao tratar da operação da analogia. Qualquer uma delas é uma narrativa possível, mas de nenhuma delas posso dizer com certeza que seja a única verdadeira.

Com efeito, posso tentar dar forma narrativa a certas condições de meu surgimento, ou tentar, por assim dizer, contar uma história sobre quais significados a "exposição ao outro" pode ter tido para mim, como foi ser esse corpo emergente na esfera íntima ou pública, ou também contar uma história sobre as normas do discurso – quando e onde eu as aprendi, o que pensei delas, quais foram imediatamente incorporadas e de que maneira. Nesse ponto, a história que conto, que pode inclusive ser necessária de algum modo, não pode assumir que seu referente tome adequadamente a forma narrativa,[22] uma vez que a exposição que busco narrar também é a precondição da narração, uma facticidade, por assim dizer, que não admite forma narrativa. E se conto a história para um "tu", esse outro está implícito não só como característica interna da narrativa, mas também como condição irredutivelmente exterior e trajetória do modo de interpelação.

---

[22]A narrativa funciona como alegoria, tentando dar um relato sequencial para aquilo que, decididamente, não pode ser apreendido em termos sequenciais e tem uma temporalidade ou espacialidade que podem ser negadas, deslocadas ou transmutadas apenas quando a forma narrativa é assumida. Na verdade, o que talvez corajosamente chamo aqui de "referente" funcione como uma ameaça constante à autoridade narrativa mesmo quando funciona como condição paradoxal para uma narrativa que ofereça uma sequência provisória e fictícia àquilo que necessariamente escapa dessa construção. Ver GREENBLATT, Stephen (Org.). *Allegory and Representation: Selected Papers from the English Institute, 1979-80*. Baltimore: The Johns Hopkins University Press, 1990.

Desse modo, o relato que posso fazer de mim mesma tem o potencial de se desintegrar e ser destruído de diversas maneiras. As tentativas de dar um relato de mim mesma fracassam em parte porque interpelo o relato que dou, e ao interpelá-lo me exponho para o tu. Posso ter em conta essa exposição implícita pela interpelação no decorrer da minha narrativa? Essa exposição acontece na linguagem falada e, de maneira diferente, também na interpelação escrita, mas não tenho certeza se posso relatá-la.[23] Ela existe, digamos, como condição da minha narração, condição que não posso tematizar totalmente em qualquer narrativa que eu venha a dar, condição que não aceita totalmente um relato sequencial? Há um referente corporal aqui, uma condição minha à qual não posso aludir e que não posso narrar precisamente, mesmo que não haja dúvidas sobre onde meu corpo esteve e o que fez ou deixou de fazer. As histórias não captam o corpo a que se referem. Mesmo a história deste corpo não é totalmente narrável. De certa forma, ser um corpo é o mesmo que ser privado de uma recordação completa da própria vida. Meu corpo tem uma história da qual não posso ter recordações.

Portanto, se também há uma parte da experiência corporal — daquilo que é indicado pela palavra "exposição" — que não pode ser narrada, mas constitui a condição corporal do relato narrativo que damos de nós mesmos, então a exposição constitui um entre os vários aborrecimentos do processo de darmos uma narração de nós mesmos. Há (1) uma *exposição* que não pode ser colocada em forma narrativa e estabelece minha singularidade, e há (2) *relações primárias*, irrecuperáveis, que formam impressões duradouras e recorrentes na minha história de vida, e por isso (3) uma história que estabelece minha *opacidade parcial* para comigo mesma. Por fim, há (4) *normas* que facilitam meu ato de contar sobre mim mesma, mas

---

[23]FELMAN, Shoshana. *The Scandal of the Speaking Body: Don Juan with J. L. Austin, or Seduction in Two Languages*. Tradução para o inglês de Catherine Porter. Stanford: Stanford University Press, 2003.

que não crio e fazem de mim substituível no momento exato em que busco estabelecer a história de minha singularidade. Essa despossessão na linguagem é intensificada pelo fato de que dou um relato de mim mesma para alguém, tanto que a estrutura narrativa desse ato de relatar é suplantada pela (5) *estrutura de interpelação* na qual ele acontece.

A exposição, como a operação da norma, constitui as condições de meu próprio surgimento como ser reflexivo, um ser dotado de memória, um ser de quem se poderia dizer que tem uma história para contar (podemos aceitar esses postulados de Nietzsche e Freud mesmo que o papel formulador da punição e da moral em seus relatos seja contestado). Consequentemente, não posso estar presente numa temporalidade que precede minha própria capacidade de autorreflexão, e qualquer história que eu possa dar sobre mim tem de levar em consideração essa incomensurabilidade constitutiva. Ela constitui o modo tardio de minha história, que carece de alguns pontos iniciais e das precondições da vida que quer narrar. Isso quer dizer que minha narrativa começa *in media res*, quando já aconteceram várias coisas que me fazem possível na linguagem e fazem possível minha história na linguagem. Eu sempre recupero, reconstruo e encarrego-me de ficcionalizar e fabular origens que não posso conhecer. Na construção da história, crio-me em novas formas, instituindo um "eu" narrativo que se sobrepõe ao "eu" cuja vida passada procuro contar. O "eu" narrativo contribui efetivamente com a história toda vez que tenta falar, pois o "eu" aparece de novo como perspectiva narrativa, e essa contribuição não pode ser totalmente narrada no momento em que fornece a âncora de perspectiva para a narração em questão.

O relato que faço de mim mesma é parcial, assombrado por algo para o qual não posso conceber uma história definitiva. Não posso explicar exatamente por que surgi dessa maneira, e meus esforços de reconstrução narrativa são sempre submetidos à revisão. Há algo em mim e de mim do qual não posso dar um relato. Mas isso quer dizer que, no sentido moral, eu não sou responsabilizada por aquilo que sou e faço? Se descubro que, apesar de meus melhores esforços, ainda resta certa opacidade e que não posso relatar a mim mesma totalmente para o outro, seria isso um fracasso ético? Ou é um fracasso que suscita outra disposição ética no lugar de uma noção plena e satisfatória da responsabilização narrativa? Nessa afirmação de transparência parcial, existe a possibilidade de reconhecer uma relacionalidade que me vincule à linguagem e ao tu de maneira mais profunda do que antes? A relacionalidade que condiciona e cega esse "si-mesmo" não é, de maneira precisa, um recurso indispensável para a ética?

2. Contra a violência ética

*Embora eu não acredite numa individualidade que não
seja gerada pela linguagem através do tempo, posso
carecer de convicção se falo de mim mesma na linguagem
necessariamente estável de um sujeito sociologizado.
Esse "eu" que descreve a si mesmo gera um incômodo
que nenhuma teoria sobre sua natureza construída pode
apaziguar. [...] O que pretende ser "eu" me responde, e
mal posso acreditar no que o escuto dizer.*

Denise Riley, *The Words of Selves*

Nossa capacidade de afirmar o que é contingente e incoerente em nós mesmos pode permitir que afirmemos outros que podem ou não podem "espelhar" nossa própria constituição. Afinal de contas, sempre existe a operação tática do espelho no conceito hegeliano de reconhecimento recíproco, visto que posso, de algum modo, ver que o outro é como eu e ver que o outro está fazendo o mesmo reconhecimento da nossa semelhança. Há muita luz no espaço hegeliano, e os espelhos têm a feliz coincidência de também agir como janelas.[1] Essa visão do reconhecimento não encontra uma

---

[1] Para uma análise da transparência e da iluminação nessa mesma linha, ver ABRAMS, M. H. *The Mirror and the Lamp: Romantic Theory and the Critical Tradition*. Oxford: Oxford University Press, 1953.

exterioridade que resista a uma má infinitude da mimese recursiva. Não há opacidade que obscureça essas janelas ou que ofusque a luz. Como consequência, poderíamos considerar uma certa leitura pós-hegeliana da cena de reconhecimento, em que precisamente minha opacidade para comigo mesma gera minha capacidade de conferir determinado tipo de reconhecimento aos outros. Seria, talvez, uma ética baseada na nossa cegueira comum, invariável e parcial em relação a nós mesmos. O reconhecimento de que não somos, em cada ocasião, os mesmos que nos apresentamos no discurso poderia implicar, por sua vez, certa paciência com os outros que suspenderia a exigência de que fossem idênticos a todo momento. Para mim, suspender a exigência da identidade pessoal, ou, mais especificamente, da coerência completa, parece contrariar certa violência ética, que exige que manifestemos e sustentemos nossa identidade pessoal o tempo todo e requer que os outros façam o mesmo. Para os sujeitos que vivem invariavelmente dentro de um horizonte temporal, trata-se de uma norma difícil, quiçá impossível, de ser satisfeita. A capacidade do sujeito de reconhecer e tornar-se reconhecido é gerada por um discurso normativo cuja temporalidade não é a mesma da perspectiva de primeira pessoa. Essa temporalidade do discurso desorienta nossa própria perspectiva. Portanto, segue-se que só podemos reconhecer e ser reconhecidos sob a condição de sermos desorientados por algo que não somos, sob a condição de experimentarmos uma descentralização e "fracassar" na tentativa de alcançar nossa identidade pessoal.

Pode surgir um novo sentido de ética desse inevitável fracasso ético? Acredito que sim, e que seria resultado da propensão em reconhecer os limites do próprio reconhecimento. Quando dizemos que nos conhecemos e nos apresentamos, fracassamos em alguns aspectos que, não obstante, são essenciais para nossa identidade. Não podemos razoavelmente esperar que os outros nos deem algo diferente como retorno. Reconhecer nossa própria opacidade ou a opacidade do outro não a transforma em transparência. Conhecer os limites do reconhecimento é conhecer inclusive esse fato de maneira limitada: como resultado, é experimentar os próprios limites do saber. A propósito, isso pode constituir uma disposição tanto da humildade quanto da generosidade: terei de ser perdoado por aquilo que não posso conhecer totalmente e terei obrigação semelhante de perdoar os outros, que também são constituídos com uma opacidade parcial em relação a si mesmos.

Se a identidade que dizemos ser não nos captura e marca imediatamente um excesso e uma opacidade que estão fora das categorias da identidade, qualquer esforço de "fazer um relato de si mesmo" terá de fracassar para que chegue perto de ser verdade. Quando pedimos para conhecer o outro, ou pedimos para que o outro diga, final ou definitivamente, quem é, é importante não esperar nunca uma resposta satisfatória. Quando não buscamos a satisfação e deixamos que a pergunta permaneça aberta e perdure, deixamos o outro viver, pois a vida pode ser entendida exatamente como aquilo que excede qualquer relato que dela possamos dar. Se deixar o outro viver faz parte da definição ética do reconhecimento, tal definição será baseada mais na apreensão dos limites epistêmicos do que no conhecimento.

Em certo sentido, a postura ética consiste, como sugere Cavarero, em fazer a pergunta "Quem és?" e continuar fazendo-a sem esperar uma resposta completa ou final. O outro a quem coloco a questão não será capturado por nenhuma resposta que possa satisfazê-la. Desse modo, se existe na pergunta o desejo de reconhecimento, esse desejo estará obrigado a se manter vivo como desejo e não se resolver. "Ah, agora sei quem és tu": nesse momento, deixo de te interpelar ou de ser interpelado por ti. Lacan cunhou a infame advertência de "não ceder de seu desejo".[2] Trata-se de uma afirmação ambígua,

---

[2] LACAN, Jacques. *The Seminar of Jacques Lacan, Book VII, The Ethics of Psychoanalysis, 1959-1960*. Tradução para o inglês de Dennis Porter. Nova York: W. W. Norton, 1970. p. 321. [Edição brasileira: *O seminário,*

pois ele não diz se o desejo deve ou não ser satisfeito: diz apenas que o desejo não pode ser detido. Com efeito, muitas vezes a satisfação é o próprio meio pelo qual se cede do desejo, o meio pelo qual o sujeito se volta contra ele, providenciando sua morte rápida.

Hegel foi o responsável por associar o desejo ao reconhecimento através de um princípio reformulado por Jean Hyppolite como o desejo do desejo. E foi no contexto do seminário de Hyppolite que Lacan tomou conhecimento dessa fórmula. Embora Lacan argumentasse que o falso reconhecimento é derivado necessário do desejo, talvez uma explicação do reconhecimento, apesar de equivocada, possa ainda funcionar em relação ao problema do desejo. Para revisar o reconhecimento como projeto ético, precisaremos encará-lo, a princípio, como insatisfazível. É importante lembrar que, para Hegel, o desejo de ser, o desejo de persistir no próprio ser – doutrina formulada pela primeira vez por Espinosa em *Ética* –, só se satisfaz através do desejo *de ser reconhecido*.[3] Mas se o reconhecimento atua para capturar ou prender o desejo, o que aconteceu então com o desejo de ser e persistir no próprio ser? Espinosa assinala para nós o desejo de viver, de persistir, sobre o qual se constrói qualquer teoria do reconhecimento. E como os termos mediante os quais o reconhecimento funciona podem parecer nos fixar e nos capturar, eles correm o risco de deter o desejo e pôr fim à vida. Como resultado, é importante que a filosofia ética considere que qualquer teoria do reconhecimento terá de explicar o desejo de reconhecimento, lembrando que o desejo estabelece os limites e as condições para a operação do reconhecimento em si. Na verdade, poderíamos dizer que, consoante Espinosa, o desejo

---

livro 7: a ética da psicanalise. Tradução de Antonio Quinet. Rio de Janeiro: Jorge Zahar, 2008. p. 375.]

[3] Volto a falar dessa questão em "The Desire to Live: Spinoza's *Ethics* under Pressure", em KAHN, Victoria; SACCAMANO, Neil; COLI, Daniela (Org.). *Passions and Politics.* Princeton: Princeton University Press, 2006.

de persistir atesta o reconhecimento, de modo que as formas de reconhecimento, ou melhor, as formas de juízo que buscam rechaçar ou destruir esse desejo, o desejo pela própria vida, solapam as próprias precondições do reconhecimento.

Limites do juízo

> *Não posso me impedir de pensar numa crítica que não tentaria julgar, mas procuraria fazer existir uma obra, um livro, uma frase, uma ideia. [...] Ela multiplicaria não juízos, mas sinais de vida.*
> Michel Foucault, "O filósofo mascarado"

O reconhecimento não pode ser reduzido à formulação e à emissão de juízos sobre os outros. Indiscutivelmente, há situações éticas e legais em que esses juízos devem ser feitos. No entanto, não deveríamos concluir que a determinação legal da culpa ou da inocência seja o mesmo que reconhecimento social. Na verdade, o reconhecimento muitas vezes nos obriga a suspender o juízo para podermos apreender o outro. Muitas vezes nos baseamos em juízos de culpa ou inocência para resumir a vida do outro, confundindo postura ética com aquele que julga.[4] Em que medida a cena de reconhecimento é

---

[4] Gilles Deleuze defende esse argumento de forma um pouco diferente em seus esforços para distinguir a moral (que tem a ver com o juízo) da ética. Ele escreve, por exemplo: "A moral é o sistema do juízo. Do duplo juízo: julga-se e é julgado. Quem tem afeição à moral tem afeição ao juízo. Julgar sempre implica uma autoridade superior ao Ser, sempre implica algo superior a uma ontologia. Sempre implica algo mais que o Ser, o Bem que faz o Ser e a ação é o Bem superior ao Ser, o Uno. O valor expressa uma autoridade superior ao Ser. Portanto, os valores são o elemento fundamental do sistema de juízo. Desse modo, sempre nos referimos a uma autoridade superior ao Ser quando julgamos.

"Na ética é totalmente diferente, não julgamos. De certo modo, dizemos: façamos o que fizermos, nunca teremos o que merecemos. Alguém diz ou faz alguma coisa e não a relacionamos com os valores. Perguntamos: como isso possível? Como é possível de maneira interna? Em outras

pressuposta pelo ato de julgar? O reconhecimento fornece um quadro mais amplo dentro do qual é possível avaliar o próprio juízo moral? Ainda é possível fazer a pergunta "Qual o valor do juízo moral?"? Podemos fazê-la de uma maneira que lembre a pergunta de Nietzsche: "Qual o *valor* da moral?"? Quando Nietzsche fez essa pergunta, atribuiu implicitamente um valor a ela. A pergunta pressupõe que se a moral tem um valor, ele é encontrado fora da própria moral; trata-se de um valor extramoral pelo qual avaliamos a moral, afirmando, desse modo, que a moral não abarca exaustivamente o campo dos valores.

A cena do juízo moral, quando se julgam as pessoas por serem quem são, estabelece invariavelmente uma distância moral clara entre quem julga e quem é julgado. No entanto, as coisas ficam mais complicadas quando levamos em conta a pergunta de Simone de Beauvoir: "Deve-se queimar Sade?". Talvez somente pela experiência do outro, sob a condição de termos suspendido o juízo, tornamo-nos finalmente capazes de uma reflexão ética sobre a humanidade do outro, mesmo quando o outro busca aniquilar a humanidade.[5] Embora decerto eu não diga que jamais devamos julgar – os juízos são imperativa e igualmente necessários para a vida política, jurídica e pessoal –, acredito que seja importante, ao repensar os termos culturais da ética, lembrarmo-nos de que nem todas as relações éticas são redutíveis a atos de juízo, e que a própria capacidade de julgar pressupõe uma relação prévia entre quem julga e quem é julgado. A capacidade de realizar e justificar juízos morais não esgota a esfera da ética e não coincide com

---

palavras, relacionamos a coisa ou o dizer com o modo de existência que estes implicam, que envolvem em si mesmos. Como há de ser para dizer isso? Que modo de Ser isso implica? Buscamos modos implícitos de existência, não valores transcendentes. É a operação da imanência" (*Cours Vincennes*, 21 dez. 1980. Disponível em: <http://goo.gl/OYkQ6s>).

[5] Ver meu "Beauvoir on Sade: Making Sexuality into an Ethic", em CARD, Claudia (Org.). *Cambridge Companion to Simone de Beauvoir.* Cambridge: Cambridge University Press, 2004. p. 168-188.

a obrigação ética ou a relacionalidade ética. Além disso, o juízo, por mais importante que seja, não pode ser considerado uma teoria do reconhecimento; com efeito, podemos muito bem julgar o outro sem reconhecê-lo em absoluto.

Antes de julgar o outro, devemos ter algum tipo de relação com ele. Tal relação vai fundar e fundamentar os juízos éticos que finalmente fizermos. De alguma maneira, teremos de fazer a pergunta "Quem és?". Se nos esquecemos de que estamos relacionados àqueles que condenamos, mesmo que *devamos* condená-los, perdemos a chance de ser eticamente educados ou "interpelados" pela consideração de quem são e o que sua individualidade diz acerca da gama de possibilidades humanas existentes, e ainda de nos preparar contra ou a favor dessas possibilidades. Também nos esquecemos de que julgar o outro é um modo de interpelação: até mesmo as punições são declaradas, muitas vezes transmitidas, diante do outro, exigindo sua presença física. *Logo, se existe alguma ética na interpelação, e se o juízo, incluindo o juízo legal, é uma forma de interpelação, então o valor ético do juízo será condicionado pela forma de interpelação que assume.*

Considere que, quando suspendemos o juízo, realizamos um tipo de reflexão que possibilita uma maneira de nos tornarmos responsáveis e de conhecermos a nós mesmos. A condenação, a acusação e a escoriação são formas rápidas de postular uma diferença ontológica entre juiz e julgado, e ainda de se expurgar do outro. A condenação torna-se o modo pelo qual estabelecemos o outro como irreconhecível ou rejeitamos algum aspecto de nós mesmos que depositamos no outro, que depois condenamos. Nesse sentido, a condenação pode contrariar o conhecimento de si, uma vez que moraliza o si-mesmo, negando qualquer coisa comum com o julgado. Embora o conhecimento de si seja certamente limitado, isso não é motivo para rechaçá-lo como projeto. A condenação tende a fazer justamente isso, expurgar e exteriorizar a nossa própria opacidade. Nesse sentido, o juízo pode ser uma forma de não correspondermos às nossas próprias limitações, e por isso não constitui uma base apropriada para o reconhecimento recíproco dos seres humanos como opacos para si mesmos, parcialmente cegos, constitutivamente limitados. Reconhecer que somos limitados é ainda conhecer algo de nós, mesmo que tal conhecimento seja afetado pela limitação que conhecemos.

De maneira semelhante, a condenação costuma ser um ato que não só "abandona" o condenado, mas também busca infligir nele uma violência em nome da "ética". Kafka oferece diversos exemplos de como funciona essa violência ética. Tomemos, por exemplo, o destino de Georg no conto chamado "O veredicto".[6] Seu pai o condena à morte por afogamento, e Georg, como se movido pela força da declaração, sai correndo de casa e salta sobre o parapeito de uma ponte. É claro, a declaração tem de apelar a uma psique disposta a satisfazer o desejo do pai de ver o filho morto, como os tempos verbais na história também confirmam, portanto a condenação não pode se dar de maneira unilateral. Georg deve assumir a condenação como princípio de sua própria conduta e participar da vontade que o incita a se atirar para fora de casa.

No conto de Kafka, não está claro se os personagens são entidades separadas ou se funcionam como partes permeavelmente separadas de um si-mesmo que não é uma entidade, não tem nenhum núcleo, constituído apenas dentro de um campo de fragmentação. O filho diz ter um amigo que se revela, talvez, como nada menos que um fragmento espelhado e imaginário de si mesmo. O pai diz ter escrito para esse amigo, e por fim não fica claro se o amigo realmente existe ou se é o núcleo da luta entre o que pertence ao pai e o que pertence ao filho. O amigo é o nome de um limite que nunca é de todo claro. Quando o pai condena o filho,

---

[6] KAFKA, Franz. *The Metamorphosis, The Penal Colony, and Other Stories*. Tradução para o inglês de Willa e Edwin Muir. Nova York: Schocken, 1975. p. 49-63; *Die Erzählungen*. Frankfurt: S. Fischer, 1998. p. 47-60. [Edição brasileira: *A metamorfose, O veredicto*. Tradução de Marcelo Backes. Porto Alegre: L&PM, 2001. p. 111-134.] (As citações usadas desta tradução foram levemente modificadas para fazer jus à interpretação da autora.)

ele mesmo se joga na cama fazendo um barulho, como se a condenação também o derrubasse. Depois que o pai declara "Eu te condeno [*verurteile dich*] à morte por afogamento!", Georg sente-se "acossado [*fühlte sich... gejagt*] para fora do quarto; o baque causado pelo pai ao desabar sobre a cama atrás dele, ele ainda carregou nos ouvidos antes de sair". É como se o pai, ao condenar o filho, também condenasse a si próprio. A frase seguinte nos diz que Georg "desceu correndo [*eilte*]" pela escadaria e "pulou [*sprang*]" portão afora, "atravessando os trilhos de trem, impulsionado em direção [*triebt es ihn*] à água". Ele corre, sujeito de um verbo ativo, mas também é "impulsionado", objeto acusativo de uma ação desencadeada de outro lugar. Para entender o que motiva sua ação na cena da condenação fatal, teríamos de aceitar a simultaneidade das duas condições: *ser impulsionado, correr*. *Triebt es ihn* sugere que "isto" o impulsiona, mas o que é esse "isto" impessoal, que claramente não parece ser nem a vontade do pai nem a sua própria, termo que indica a equivocação entre os dois que impulsiona, por assim dizer, toda a história? No final das contas, Georg terá satisfeito a exigência do pai, e embora possamos conjecturar que Georg o faz para garantir o amor do pai, ele na verdade parece admitir a natureza unilateral de seu amor pelos pais.

O que começa como uma condenação paternal toma a forma da possibilidade de satisfação da necessidade urgente do filho. "Já segurava firme o parapeito da ponte, como um faminto segura o alimento [*die Nahrung*]". Quando Georg se pendura no parapeito, assemelha-se ao "mais perfeito dos ginastas que havia sido em seus anos de juventude, para orgulho de seus pais". Embora o vento forte da condenação do pai arranque Georg do quarto e o carregue pela escadaria, a acrobacia suicida que executa é uma ação voluntária realizada *pelo* pai, uma ação que recria a cena imaginária de aprovação e atesta seu amor pelo pai no momento em que obedece à sentença de morte. Com efeito, ele parece oferecer a autodestruição como último presente de amor. Georg espera antes de se deixar cair até ver "um ônibus que haveria de abafar com facilidade o barulho da queda". Suas últimas palavras, ditas "bem baixinho" – para garantir que sua morte continue inaudível –, são: "Queridos pais, eu sempre amei vocês apesar de tudo [*Liebe Eltern, ich habe euch doch immer geliebt*]". A tradução de *doch* como "apesar de tudo" [*all the same*, em inglês] talvez seja mais forte do que deveria. O termo alemão *doch* guarda certo protesto e refutação, um "ainda que" [*even though*], ou melhor, um "ainda assim" [*still*]. A palavra faz uma referência oblíqua a alguma dificuldade, mas dificilmente se eleva ao nível da contra-acusação.

A confissão que faz Georg do amor pelos pais parece ser menos um ato de perdão do que um espetáculo semiditoso de masoquismo. Ele morre por seus pecados, e a criada que passa por ele pela escadaria grita "Jesus!", cobrindo os olhos quando o vê. As palavras de Georg sobre o amor que sente pelos pais parecem essenciais para a execução de usa sentença de morte. Sua declaração sela e efetua a condenação. A ação reflexiva de "deixar-se cair" [*liess sich hinabfallen*] não é nada mais do que um jeito mortal de consagrar seu apego aos pais. Sua morte se torna um presente de amor. Embora a declaração do pai pareça desencadear o ato, a acrobacia sem dúvida é um ato do próprio Georg, tanto que a ação do pai transmuta-se harmoniosamente na ação do filho. Georg morre não só porque seu pai, brutal, exige sua morte, mas também porque a exigência do pai torna-se a nutrição perversa de sua vida.

A fidelidade suicida de Georg, no entanto, não deprecia o fato de que se a condenação busca sumariamente aniquilar o outro, a versão extrema da condenação punitiva é a sentença de morte. Em formas mais aperfeiçoadas, a condenação não deixa de ter a vida do condenado como alvo, destruindo sua capacidade ética. Se o que deve ser degradado e destruído é a vida, e não, digamos, uma série de atos, a punição funciona para destruir as condições de autonomia, erodindo, talvez até eviscerando, a capacidade do sujeito interpelado tanto para a autorreflexão quanto para o reconhecimento social, duas práticas que, acredito, são essenciais para qualquer relato substantivo da vida ética. A punição, é claro, também transforma o moralista em assassino.

Quando a acusação funciona para paralisar e desmentir as capacidades críticas do sujeito a quem se dirige, ela solapa e até destrói as próprias capacidades necessárias para a reflexão e a conduta éticas, muitas vezes levando a conclusões suicidas. Isso sugere que é preciso sustentar o reconhecimento para que o juízo ético funcione produtivamente. Em outras palavras, para que o juízo influencie as deliberações autorreflexivas de um sujeito com chance de agir de maneira diferente no futuro, ele deve pôr-se a serviço de sustentar e promover a vida. Esse conceito de punição difere drasticamente da descrição nietzschiana vista no capítulo anterior.

Em um sentido real, não sobrevivemos sem sermos interpelados, ou seja, a cena de interpelação pode e deveria fornecer uma condição que sustente a deliberação, o juízo e a conduta éticos. Da mesma maneira, eu diria, as instituições de punição e prisão têm a responsabilidade de sustentar as vidas que adentram em seus domínios, precisamente porque têm o poder, em nome da "ética", de danificar e destruir vidas com a impunidade. Se, como dizia Espinosa, podemos desejar viver a vida da maneira correta apenas se já existe, ou se existe ao mesmo tempo, um desejo de viver, pareceria igualmente verdade que o cenário da punição que busca transformar o desejo de vida em desejo de morte destrói aos poucos a condição da própria ética.

Psicanálise

> Créssida: *Fechai-me a boca. [...]*
> *Não sei o que falo.*
> Shakespeare, *Tróilo e Créssida*

Como essas considerações se relacionam à questão sobre se é possível fazer um relato de si mesmo? Recorde-se que fazemos um relato de nós mesmos para um outro, e que cada relato que damos acontece numa cena de interpelação. Faço um relato de mim mesma *para ti*. Além disso, a cena de interpelação, que poderíamos chamar de condição retórica da responsabilidade, significa que enquanto estou engajada em uma atividade reflexiva, pensando sobre mim mesma e me reconstruindo, também estou falando contigo e assim elaborando uma relação com um outro na linguagem. O valor ético da situação, desse modo, não se restringe à questão sobre se o relato que dou de mim mesma é ou não adequado, mas refere-se à questão de que, se ao fazer um relato de mim mesma, estabeleço ou não uma relação com aquele a quem se dirige meu relato, e se as duas partes da interlocução se sustentam e se alteram pela cena de interpelação.

No contexto da transferência psicanalítica, o "tu" costuma ser uma estrutura padronizada de interpelação, a elaboração de um "tu" em um domínio imaginário, e por intermédio dela são transmitidas formas prévias e mais arcaicas de interpelação.[7] Na transferência, muitas vezes a função da fala é transmitir informações (incluindo informações sobre minha vida), mas ela também funciona como condutora de um desejo e como instrumento retórico que busca alterar ou agir sobre a própria cena interlocutória.[8] A psicanálise sempre entendeu essa dimensão dupla do ato de fala que revela a si mesmo. Por um lado, ele é um esforço de comunicar informações sobre si mesmo; por outro, ele recria e constitui, de uma forma nova, as suposições tácitas sobre a comunicação e a relacionalidade que estruturam o modo de interpelação. A

---

[7] Agradeço a Barbara Johnson, que formula a estrutura padronizada de interpelação ao escrever sobre Baudelaire: "a mãe funciona como âmbito predeterminado para a relação eu-tu em geral" (*Mother Tongues: Sexuality, Trials, Motherhood, Translation*. Cambridge: Harvard University Press, 2003. p. 71).

[8] Ver FELMAN, Shoshan. *The Scandal of the Speaking Body: Don Juan with J. L. Austin, or Seduction in Two Languages*. Tradução para o inglês de Catherine Porter. Stanford: Stanford University Press, 2003.

transferência, portanto, é a recriação de uma relacionalidade primária dentro do espaço analítico, uma recriação que gera potencialmente uma nova ou alterada relação (e a capacidade para se relacionar) baseada no trabalho analítico.

A narrativa age dentro do contexto da transferência não só como meio de transmissão de informações, mas também como aplicação retórica da linguagem que busca *agir sobre* o outro, motivado pelo desejo ou pela vontade que assume uma forma alegórica na cena interlocutória da análise. O "eu" é narrado, mas também posto e articulado no contexto da cena de interpelação. O que é produzido no discurso muitas vezes perturba os objetivos intencionais da fala. O "tu" é variável e imaginário, ao mesmo tempo que é delimitado, recalcitrante e de uma presença obstinada. O "tu" constitui um objeto em relação ao qual se torna articulável uma meta do desejo, mas o que se reitera nessa relação com o outro, nessa cena para a articulação do desejo, é uma opacidade que não é totalmente "iluminada" pela fala. Desse modo, "eu" conto uma história para "ti", e juntos temos de considerar os detalhes dela. Mas se conto esses detalhes no contexto de uma transferência (pode haver mentira sem transferência?), estou fazendo algo com o que conto, agindo sobre ti de alguma maneira. E o que conto também faz algo comigo, age sobre mim, de maneiras que posso perfeitamente não compreender enquanto conto minha história.

Dentro de alguns círculos, doutrinas e práticas psicanalíticas, um dos objetivos declarados da psicanálise é oferecer ao cliente a chance de formar uma história sobre si mesmo, de relembrar o passado, entrelaçar os eventos ou as vontades da infância com eventos posteriores, tentar dar sentido, por meios narrativos, à vida que passou, aos empasses encontrados vez ou outra e ao que ainda está por vir. Com efeito, argumenta-se que o objetivo normativo da psicanálise é permitir que o cliente conte uma história única e coerente sobre si mesmo, de modo a satisfazer a vontade de conhecer a si próprio, ou melhor, de conhecer a si próprio em parte por meio de uma reconstrução narrativa na qual as intervenções do analista ou terapeuta contribuem de diversas maneiras para recriar e retramar a história. Roy Schafer defendeu essa posição, e podemos encontrá-la em diversas versões da prática psicanalítica descrita por clínicos em ambientes acadêmicos e populares.[9] Mas e se a reconstrução narrativa de uma vida *não puder* ser o objetivo da psicanálise, e a razão disso tiver a ver com a própria formação do sujeito? Se o outro está presente desde o início no lugar onde estará o eu, então a vida se constitui por meio de uma interrupção fundamental e inclusive *se interrompe antes da possibilidade de qualquer continuidade.* Consequentemente, se a reconstrução narrativa há de se aproximar da vida que pretende transmitir, deverá também estar sujeita à interrupção. É claro, aprender a construir uma narrativa é prática crucial, principalmente quando pedaços descontinuados da experiência permanecem dissociados entre si em virtude de condições traumáticas. Minha intenção não é subestimar a importância do trabalho narrativo na reconstrução de uma vida que, de modo geral, sofre de fragmentação e descontinuidade. Não se deve subestimar o sofrimento que pertence às condições de dissociação. As condições de hipercontrole, no entanto, não são mais salutares do que as condições de fragmentação radical. Parece verdade que precisaremos de uma narrativa para conectar partes da psique e da experiência que não podem ser assimiladas entre si. No entanto, a conexão demasiada pode levar a formas extremas de isolamento paranoico. De todo modo, se uma vida necessita de alguma estrutura narrativa, não se pode deduzir que todas as vidas tenham de ser traduzidas de forma narrativa. Tal conclusão transformaria um requisito mínimo de estabilidade psíquica no objetivo primeiro do trabalho analítico.

---

[9] Para uma descrição da psicanálise e da linguagem que, de modo geral, recusa a constituição passiva e os privilégios do "eu" e suas ações como constituintes básicos de uma história de vida, ver SCHAFER, Roy. *A New Language for Psychoanalysis.* New Haven: Yale University Press, 1976. p. 22-56. Para o conceito da relação da psicanálise com a estrutura narrativa que incorpora a noção de transferência, ver BROOKS, Peter. *Psychoanalysis and Story-telling.* Oxford: Basil Blackwell, 1994.

O que é deixado de lado se assumimos, como alguns, que a narrativa nos dá a vida que é nossa, ou que a vida acontece de forma narrativa? A "minhidade" [*mineness*] da vida não é necessariamente sua forma narrativa. O "eu" que começa a contar sua história só pode contá-la de acordo com normas reconhecíveis da narração de uma vida. Podemos então dizer: na medida em que o "eu" concorda, desde o início, em narrar a si mesmo por meio dessas normas, ele concorda em circundar sua narrativa por uma exterioridade e assim desorientar-se na narração através de modos de fala cuja natureza é impessoal.[10] Lacan, como se sabe, deixou claro que qualquer que seja o relato que se dê sobre os momentos inaugurais de um sujeito, ele sempre será tardio e fantasmático, afetado irreversivelmente por um *Nachträglichkeit*. Narrativas evolutivas tendem a errar ao supor que o narrador possa estar presente nas origens da história. A origem só se torna disponível retroativamente e através da tela da fantasia. A norma de saúde mental segundo a qual fazer um relato de si de maneira coerente é algo que faz parte do trabalho ético da psicanálise entende equivocadamente o que a psicanálise pode e deve fazer. Na verdade, ela endossa uma descrição do sujeito que desvirtua parte do próprio significado ético da formação desse sujeito.

Se dou um relato de mim mesma e o faço perante ti, minha narrativa depende de uma estrutura de interpelação. Mas se posso interpelar-te, devo primeiro ter sido interpelada e colocada na estrutura de interpelação como possibilidade da linguagem antes de encontrar minha própria maneira de fazer uso dela. Isso decorre não só do fato de que a linguagem

---

[10]Ver RILEY, Denise. *Impersonal Passion: Language as Affect*. Durham, N.C.: Duke University Press, 2005. Ver também KEENAN, Thomas. *Fables of Responsibility: Aberrations and Predicaments in Ethics and Politics*. Stanford: Stanford University Press, 1997. p. 175-192. Uma excelente discussão da narrativa autobiográfica feminista e sua contestação dos padrões de se dizer a verdade pode ser encontrada em GILMORE, Leigh. *The Limits of Autobiography: Trauma and Testimony*. Ithaca, N.Y.: Cornell University Press, 2001.

pertence primeiro ao outro e que a adquiro por meio de uma complicada forma de mimese, mas também porque a própria possibilidade da ação linguística é derivada da situação em que nos encontramos interpelados por uma linguagem que nunca escolhemos. Se sou primeiro interpelada pelo outro, e se essa interpelação me acontece antes da minha individuação, de que maneiras ela me acontece? Ao que parece, somos sempre interpelados, de uma maneira ou de outra, mesmo quando somos abandonados ou sofremos abuso, pois o vazio e a injúria nos convocam de maneiras específicas.

Essa visão tem formulações filosóficas e psicanalíticas díspares. Lévinas afirmava que a interpelação do outro me constitui, e que essa apreensão pelo outro precede qualquer formulação do eu (*le Moi*). Jean Laplanche, em um viés psicanalítico, argumenta algo semelhante quando diz que a interpelação do outro, concebida como uma demanda, implanta-se ou insinua-se naquilo que posteriormente será chamado, em um viés teórico, de "meu inconsciente".[11] Em certo sentido, essa nomenclatura vai sempre contradizer a si mesma. É impossível não cometer equívocos ao falar do "meu inconsciente", porque ele não é uma posse, mas sim algo que não posso possuir. No entanto, a gramática pela qual busco explicar esse domínio psíquico, que eu não possuo e não posso possuir, atribui paradoxalmente esse inconsciente a mim, como aquilo que me pertence como um predicado do sujeito, assim como se diz que diversas outras características pertencem a mim, o sujeito gramático e ontológico. Entender o inconsciente, no entanto, é entender aquilo que, em rigor, *não pode* pertencer a mim, precisamente porque desafia a retórica do pertencer, é um modo de ser despossuído, desde o início, pela interpelação do outro. Para Laplanche, esse chamado ou pedido me anima e, a princípio, me oprime. O outro é, desde o início, demasiado para mim, enigmático, inescrutável. É preciso lidar

---

[11] LAPLANCHE, Jean. *Essays on Otherness*. Organização de John Fletcher. Londres: Routledge, 1999.

e conter essa "demasia" para que surja algo chamado "eu" em seu distanciamento. O inconsciente não é um *tópos* no qual se deposita essa "demasia". Em vez disso, ele é formado como requisito psíquico de sobrevivência e individuação, como modo de lidar – e de não conseguir lidar – com esse excesso e, assim, como a vida persistente e opaca desse próprio excesso.

A transferência é nada mais que a cena de interpelação carregada de emoções, que lembra o outro e seu peso opressor e reencaminha o inconsciente por meio de uma exterioridade da qual ele é devolvido de alguma maneira. Desse modo, o propósito da transferência e da contratransferência não é só construir e reconstruir nossa história, mas também encenar o que não pode ser narrado e encenar o inconsciente tal como ele é revivido na própria cena de interpelação. Se a transferência recapitula o inconsciente, experimento uma despossessão de mim mesma na cena de interpelação. Isso não quer dizer que sou possuída pelo outro, pois o outro também é despossuído, chama e é chamado, em uma relação que, por essa razão, não é recíproca. Não obstante, só porque o analista (espera-se) lida melhor com essa despossessão do que eu, os dois interlocutores passam por um deslocamento para que o acesso ao inconsciente aconteça. Fico presa nessa interpelação, ao mesmo tempo que o analista se compromete a não me oprimir com sua necessidade. Mesmo assim sou oprimida por alguma coisa, e acho que sou oprimida pelo analista; ele é o nome que dou para essa "demasia". Mas o que ele nomeia?

Nesse contexto, a questão do "quem" ressurge: "Por quem sou oprimida?", "Quem é ele?", "Quem és?" – em certo sentido, todas essas perguntas dizem respeito à questão que a criança levanta às demandas do adulto: "Quem és e o que queres de mim?". Nesse aspecto, a perspectiva de Laplanche nos oferece uma maneira de revisar a ideia de Cavarero, segundo a qual a questão que inaugura a ética é "Quem és?". Quando o analista é o outro, não posso saber quem ele é, mas a busca dessa questão que não pode ser satisfeita estabelece as maneiras como um outro enigmático, entendido como as variadas exigências do mundo adulto, inaugura-me e me estrutura. Isso também significa que o analista ocupa para mim uma posição que é mais e ao mesmo tempo menos do que ele é, e essa incomensurabilidade, digamos, entre o analista como pessoa e o analista como oportunidade para meu material psíquico assenta as bases para a contribuição que o cliente dá à cena de transferência. À sua maneira, o analista está despossuído no momento em que age como lugar de transferência para mim, e por razões que não posso conhecer. O que eu o convoco a ser? Como ele aceita essa convocação? O que minha convocação evoca para o analista será o espaço da contratransferência, mas desse espaço só posso ter o conhecimento mais refratado. Em vão, pergunto "Quem és?", e depois mais sobriamente "O que me tornei aqui?". Ele também pergunta o mesmo sobre mim, à distância, e de maneiras que não posso conhecer ou entender com precisão. Esse não-saber explora um não-saber prévio, aquele pelo qual inaugura-se o sujeito, embora esse "não-saber" seja repetido e elaborado na transferência sem jamais se tornar um espaço literal para onde devo retornar.

Não obstante, pela transferência a psicanálise traça disposições e cenas relacionais primárias, articulando as cenas de interpelação em que surgem de diversas maneiras os si-mesmos. Embora a perspectiva de Laplanche não seja totalmente compatível com a teoria da relação de objetos, conforme defendida por Christopher Bollas, por exemplo, vemos em ambas as abordagens uma atenção ao que Bollas chamou de "conhecido não pensado".[12] Bollas foi providencial ao introduzir o conceito do analista como "objeto transformacional"; ele sugeriu que os clínicos deveriam retornar à autoanálise de Freud e considerar com mais atenção os usos da contratransferência dentro do trabalho psicanalítico. Em *A sombra do objeto: psicanálise do conhecido não pensado*, Bollas descreve o fato de ser "recrutado" ao ambiente do analisando, tacitamente

---

[12]BOLLAS, Christopher. *The Shadow of the Object: Psychoanalysis of the Unthought Known*. Nova York: Columbia University Press, 1987.

posicionado e "usado" por este como "objeto" que pertence a uma cena anterior. A contratransferência responde ao que o analisando não conhece totalmente:

> O analista é solicitado a preencher representações objetais no ambiente que diferem e mudam, mas essas observações de nossa parte são os raros momentos de lucidez na contratransferência. Por um período muito longo, e talvez interminável, somos levados a compartilhar do idioma ambiental do paciente, e durante um tempo considerável não sabemos quem somos, que função fomos destinados a cumprir ou qual nosso destino como seu objeto (p. 202).

Na mesma linha de Winnicott, Bollas acredita que o analista deve não só se permitir ser usado, mas também "estar preparado para adoecer situacionalmente quando chegar o momento" (p. 204). O analista permite-se ser empregado no idioma ambiental do analisando ao mesmo tempo que desenvolve uma capacidade reflexiva e deliberada para a análise dentro dessa difícil situação. Bollas discute diversos exemplos clínicos, mostrando "usos expressivos" da contratransferência no trabalho analítico. Uma paciente fala e depois faz silêncio, deixando Bollas com a sensação de solidão e desorientação. Quando finalmente dá voz a essa sensação na sessão, ele o faz para sugerir que a paciente, para ele e com ele, retratou de maneira eficaz o ambiente em que de repente se sentiu isolada e perdida como uma criança. Bollas pergunta por que ela pediu para que ele habitasse essa experiência por meio das longas pausas, para que ele soubesse como ela se sentia. A resposta da paciente é uma cena mais recriada do que narrativa, que retrata a comunicação abandonada repentinamente e uma desorientadora perda de contato. Há uma dimensão narrativa na intervenção posterior de Bollas, pois ele pergunta se a experiência pertence ao passado da paciente. O propósito, no entanto, não é tanto reconstruir os detalhes precisos da história, mas sim estabelecer mais uma possibilidade de comunicação na transferência. Quando sugere que a paciente está lhe oferecendo a oportunidade de reviver sua própria experiência de perda e ausência, ele fala com ela de uma maneira que nunca havia falado, e a conversa que se segue, que tematiza explicitamente essa ruptura de comunicação, constitui um modo mais conectado de comunicação, cuja função é alterar a cena padrão de interpelação.

O modo de intervenção psicanalítica defendido por Bollas constitui uma renúncia significativa da noção clássica do analista frio e distante, que guarda para si cada questão contratransferencial. Para Bollas, "o analista precisa se perder no mundo do paciente, perder-se no sentido de não conhecer quais são seus sentimentos e estados de espírito em dado momento" (p. 253). Posteriormente, ele observa que somente quando o analista apresenta-se para ser usado pelo paciente é que existe alguma esperança de que a contratransferência possa facilitar um novo conjunto de relações objetivas: "Somente ao fazer com que um bom objeto (o analista) enlouqueça de alguma maneira, o paciente pode acreditar na sua análise e *saber que o analista esteve onde ele esteve, sobreviveu e saiu intacto*" (p. 254).

Bollas sugere claramente que o analista tem de permitir que o paciente o invada, permitir-se um tipo de despossessão de si mesmo, e também manter uma distância – e uma atitude – psicanalítica reflexiva. Ao descrever o modo como Winnicott introduz as próprias ideias na sessão analítica, Bollas escreve:

> para ele eram temas subjetivos, e ele os colocava para o paciente como temas entre paciente e analista, não como decodificações psicanalíticas oficiais da vida inconsciente da pessoa. O efeito de sua atitude é decisivo, pois ele fazia suas interpretações com o intuito de jogar com elas – para que fossem discutidas, ponderadas, esmiuçadas –, e não para serem consideradas uma versão definitiva da verdade (p. 206).

O objetivo aqui parece ser facilitar o que Bollas descreve como a "articulação de elementos outrora inarticulados da vida psíquica, ou o que chamo de conhecido não pensado".

"Articulação" é uma categoria ampla que descreve diversos modos de expressão e comunicação, alguns narrativos, outros não. Embora Bollas não considere aqui os limites da articulabilidade, ou seja, o não pensado que jamais pode ser "conhecido", tal consideração pareceria constituir um contraponto a suas explorações. Com efeito, não há dúvida de que as formas primárias de invasão que não podem ser total ou claramente articuladas no processo analítico atuam na cena de interpelação. A articulabilidade plena não deveria ser considerada o objetivo final do trabalho analítico, pois esse objetivo implicaria um domínio linguístico e egoico sobre o material inconsciente que buscaria transformar o próprio inconsciente em uma articulação reflexiva e consciente – um ideal impossível que destrói um dos princípios mais importantes da psicanálise. O "eu" não pode recuperar, por completo e de forma deliberada, o que o impele, pois sua formação continua anterior à sua elaboração como reflexivo conhecedor de si. Isso nos lembra que a experiência consciente é apenas uma dimensão da vida psíquica e que não podemos atingir, pela consciência ou pela linguagem, um controle total das relações primárias de dependência e impressionabilidade que nos formam e nos constituem de maneiras persistentes e obscuras.

Os modos pelos quais se maneja ou interpela uma criança só podem ser indiretamente examinados a partir do ambiente social que o analisando orquestra *a posteriori*. Embora esse ambiente tenha sempre uma especificidade, podemos fazer a afirmação geral de que as primeiras impressões não são apenas *recebidas* pelo Eu, mas são formadoras dele. O Eu não nasce sem um encontro prévio, sem uma relação primária, sem um conjunto de impressões inaugurais oriundas de outro lugar. Quando Winnicott descreve o Eu como processo relacional, está discutindo a ideia de que o Eu é constituído e existe desde o início da vida. Também está postulando a primazia da relacionalidade em relação a todo sentido delimitado do si-mesmo. Se o Eu, como diriam Bollas e Lacan, "há muito precede a chegada do sujeito",[13] isso significa apenas que o processo relacional que busca elaborar uma diferenciação do inconsciente e do outro ainda não foi articulado na fala, ainda não é capaz de uma autodeliberação reflexiva. Em todo caso o Eu não é uma entidade ou uma substância, mas um conjunto de relações e processos, implicado no mundo dos cuidadores primários de maneiras que constituem sua própria definição.

Ademais, se nos momentos inaugurais do "eu" estou implicada pela exigência e pela interpelação do outro, isso quer dizer que existe alguma convergência entre a cena ética na qual minha vida, desde o princípio, está intrinsecamente ligada aos outros e a cena psicanalítica que estabelece as condições inter-subjetivas de meu surgimento, minha individuação e minha capacidade de sobrevivência. Na medida em que recapitula e reencena, de forma refratada, as cenas primeiras de interpela-ção, a transferência atua a serviço da narração de uma vida e contribui para a construção de uma história de vida. Em um trabalho conjunto com a contratransferência, a transferência interrompe a duvidosa coerência construída de vez em quan-do pelas formas narrativas, uma coerência que pode impedir que as características retóricas da cena de interpelação sejam consideradas e que tanto me arrasta de volta para a cena do não saber, do sentir-me oprimida, quanto, no presente, sustenta-me.

Em seu melhor aspecto, a transferência fornece o que Winnicott chama de "ambiente *holding*" [abrigo] e oferece uma presença corporal em um presente temporal que fornece as condições de uma interpelação sustentadora.[14] Isso não quer dizer que a transferência não contribua para a narração de uma vida: talvez possamos contar nossa história melhor quando so-mos "abrigados" no sentido winnicottiano. Mas esse *"holding"*

---

[13]BOLLAS, Christopher. *The Shadow of the Object: Psychoanalysis of the Unthought Known*. Nova York: Columbia University Press, 1987. p. 285.

[14]Ver WINNICOTT, D. W. *Holding and Interpretation: Fragment of an Analysis*. Londres: Hogarth Press, 1986. [Edição brasileira: *Holding e interpretação*. Tradução de Sonia Maria Tavares Monteiro de Barros. 3. ed. São Paulo: WMF Martins Fontes, 2010.]

tem dimensões expressivas que não podem ser descritas por meios narrativos. Não há motivos para questionarmos a importância de narrar uma vida em seu caráter parcial e temporário. Estou certa de que a transferência pode facilitar a narração e que narrar uma vida tem uma função crucial, em especial para quem se sente profundamente afligido pela experiência involuntária da descontinuidade. Ninguém pode viver em um mundo radicalmente não narrável ou sobreviver a uma vida radicalmente não narrável. Mas ainda é necessário lembrar que o que é considerado "articulação" e "expressão" do material psíquico excede a narração, e que as articulações de todos os tipos têm limites necessários, dados os efeitos estruturadores do que persiste em ser inarticulável.

Muitas vezes uma voz narrativa pode permanecer, por exemplo, destituída de seus poderes narrativos. No conto de Kafka, depois que Georg parece se atirar da ponte e pôr um fim à própria vida, ainda persiste estranhamente uma voz narrativa, relatando os ruídos que habitam os momentos posteriores ao evento. A última frase do texto, "justo naquele instante havia sobre a ponte um fluxo interminável", é dita por uma voz que afirma estar presente no momento descrito, e a perspectiva de terceira pessoa é deslocada da personagem de Georg, que já havia se deixado cair da ponte. É como se a personagem sumisse, mas sua voz continuasse. Apesar de Georg ter-se ido, alguma voz narrativa sobrevive para fazer uma observação sobre a cena. Pode ser a voz do amigo imaginário para quem tanto Georg quanto o pai supostamente escreveram, e pode ser que o amigo tenha escrito, de maneira transitória, para os dois o tempo inteiro. A última frase, referindo-se ao "fluxo" que acontecia na ponte, usa a palavra alemã *"Verkehr"*, termo também usado para se referir ao ato sexual. A ambiguidade sugere que sua morte é também prazer, talvez um abandono extático dos limites corporais discretos.[15] A voz que surge para relatar esse fato, a voz

---

[15]Ver CARUTH, Cathy. Interview with Laplanche. 2001. Disponível em: <http://goo.gl/TXEXhL>, parágrafo 92, para um modo de

que não pertence a ninguém e cuja proximidade do evento é logicamente impossível, é puramente fictícia, talvez a sublimidade da própria ficção. Embora o conto narre uma morte, ele também preserva uma voz na última frase narrativa, sugerindo que sobrevive alguma coisa de humano, que a narração tem alguma relação propícia com a sobrevivência. Não deixa de ser peculiar, no entanto, o fato de se tratar de uma voz escrita sem corpo nem nome, uma voz extraída da própria cena de interpelação, uma voz cuja extração, paradoxalmente, forma a base de sua sobrevivência. A voz é fantasmagórica, impossível, destituída de corpo e, mesmo assim, persiste, continua vivendo.

Numa famosa carta escrita para Benjamin em 17 de dezembro de 1934, Adorno revisa o ensaio de Benjamin sobre Kafka e considera as condições de sobrevivência fornecidas pelos textos de Kafka. Ele começa observando que é "a pessoa menos indicada para julgar" o ensaio de Benjamin e se refere, com conhecimento de causa, aos problemas potencialmente fatais associados a um juízo desse tipo. As observações que Adorno faz sobre Benjamin são comuns: Benjamim propõe a descrição de uma história "arcaica" e primal que é irrecuperável, enquanto Adorno insiste que a perda do conceito de nossa "época histórica" é uma perda dialética e tem de ser entendida como perda *para nós* nessas condições históricas específicas.

Adorno prossegue e examina a culpa e a fatalidade via a figura de Odradek, uma criatura com aparência de coisa, fundamentalmente não conceitualizável, descrita na parábola

---

compreensão que pode colocar esse suicídio ejaculatório em relação ao masoquismo: "Sou muito crítico quanto ao termo 'pulsão de morte', e [...] tenho a chamado de pulsão sexual de morte, dando mais ênfase ao 'sexual' do que à 'morte'. Para mim, a pulsão sexual de morte é apenas sexualidade, a sexualidade sem limites, o extremo da sexualidade. E mais que à morte, eu apontaria para o masoquismo primário. Vejo o sentido da pulsão sexual de morte mais no masoquismo ou no sadomasoquismo do que na morte. E não foi no lado do sadismo que Freud colocou o núcleo da pulsão de morte, mas do masoquismo".

de Kafka chamada "Tribulações de um pai de família".[16] Odradek, cujo nome é de etimologia desconhecida, é mais uma figura filial que abandona sua forma humana frente ao juízo do pai. Odradek parece ser ao mesmo tempo um carretel de linha e uma estranha estrela capaz de se equilibrar em uma das pontas. Sua risada é do tipo que "só sem pulmões se produz. Soa, quem sabe, como o cochicho de folhas caídas" (p. 22). Praticamente nada de sua forma humana sobrevive, e o narrador da história, uma voz paterna, duvida se Odradek é de fato o resto de uma criatura com "forma inteligível". Nem Adorno nem Benjamin seguem a rota psicanalítica ao explicar essa forma desumanizada. Mas Adorno entende que o abandono da forma humana indica, de alguma maneira, a superação de uma culpa fatal. Escreve ele:

> Se o lugar dele é junto ao chefe de família, não representaria ele precisamente a preocupação e o perigo para este último, não anteciparia ele precisamente a superação do estado de culpa da criatura, e não seria essa preocupação – um verdadeiro Heidegger posto de cabeça para cima – cifra, a mais indubitável promessa de esperança, precisamente na superação do lar? Por certo, como reverso do mundo das coisas, Odradek é um signo da distorção – mas como tal precisamente um emblema do transcender, do limite último e da reconciliação entre o orgânico e o inorgânico ou da superação da morte: Odradek "sobrevive".[17]

---

[16] KAFKA, Franz. Cares of a Family Man. In: *The Complete Stories*. Tradução para o inglês de Willa e Edwin Muir. Nova York: Schocken, 1976. p. 427-428; Die Sorge des Hausvaters. In: *Die Erzählungen*. Frankfurt: S. Fischer, 1998, p. 34-44. [Edição brasileira: As atribulações de um pai de família. In: SCHWARZ, Roberto. *O pai de família e outros estudos*. São Paulo: Companhia das Letras, 2008. A paginação no texto se refere à edição brasileira.]

[17] ADORNO, Theodor; BENJAMIN, Walter. *Correspondência, 1928-1940*. Tradução de José Marcos Mariani de Macedo. São Paulo: Editora Unesp, 2012. p. 131-132.

Odradek "sobrevive" da mesma maneira que "sobrevive" a voz amorfa no final de "O veredicto".[18] Nesse sentido, para Adorno, o movimento pelo qual a forma humana é abandonada é o meio pelo qual surge algo semelhante à esperança, como se a suspensão dos parâmetros sociais do sujeito – a "superação do lar" – fosse necessária para a sobrevivência. Como Adorno se recusa a ver essa sobrevivência como uma transcendência eterna ou arcaica, deve sustentar que determinadas condições estabelecem a distorção ou a desfiguração como sinal de esperança ou sobrevivência. Em "Anotações sobre Kafka", Adorno escreve: "A gênese social do indivíduo revela-se no final como o poder que o aniquila. A obra de Kafka é uma tentativa de absorver isso".[19] Parece se tratar de uma verdade sobre a modernidade, ou, com efeito, de uma verdade que marca a modernidade como tal. Como corolário dessa afirmação, a tentativa de abandonar o social (em sua forma atual) parece prometer a esperança de sobrevivência.

---

[18] Seria interessante considerar as duas formas de "sobreviver" nos termos da distinção entre *fortleben* e *überleben* feita por Walter Benjamin em "The Task of the Translator" (*Illuminations*. Organização de Hannah Arendt. Tradução para o inglês de Harry Zohn. Nova York, Schocken, 1968. p. 69-82). [Edição brasileira: A tarefa do tradutor. In: *Escritos sobre mito e linguagem*. Tradução de Susana Kampff e Ernani Chaves. São Paulo: Duas Cidades; Ed. 34, 2011.] Claramente, tanto a voz final em "O veredicto" quanto a perpetuidade de Odradek evocam o sentido de *nachleben*, ou continuar a viver. De maneira significativa, Jacques Derrida alude a essa diferença entre a sobrevida (*überleben*) e um tipo de sobrevivência ou de continuidade da vida (*fortleben*) que acontece na linguagem pressupondo-se a finitude humana. Essa operação da linguagem é, ao mesmo tempo, fantasmagórica e animada. Ver sua última entrevista publicada no *Le Monde* em 18 de agosto de 2004.

[19] ADORNO, Theodor. *Prisms*. Tradução para o inglês de Samuel e Shierry Weber. Cambridge: MIT Press, 1981. p. 253; Prismen. In: *Kulturkritik und Gesellschaft I, Gesammelte Schriften*. Frankfurt: Suhrkamp, 1997: 10.1:9-287, aqui p. 264-265. [Edição brasileira: Anotações sobre Kafka. In: *Prismas: crítica cultural e sociedade*. Tradução de Augustin Wernet e Jorge de Almeida. São Paulo: Ática, 1998. p. 249.]

A voz narrativa informa a respeito de sua interpelação direta a Odradek: "Qual é o teu nome?". Ele responde: "Odradek". "E onde moras?". Ele responde: "residência indeterminada". Há também a pergunta "Quem és?", e a resposta é de novo uma voz, mas nenhuma forma humana. O narrador humaniza indiretamente Odradek pelo pronome de terceira pessoa, bem como pela interpelação direta. A voz paternal não o menospreza exatamente, pois a parábola termina com a frase: "Evidentemente ele não faz mal a ninguém; mas a ideia de que além de tudo ele me sobreviva, para mim é quase dolorosa". É quase dolorosa, mas não de todo. E nesse "não de todo" vemos uma esperança para a sobrevivência de Odradek, que escapa a uma desumanização quase total.

A gênese social do indivíduo, mesmo na modernidade, constitui uma maneira de ameaçar a sobrevivência. A aniquilação também ameaça do outro lado, quando a própria transcendência do social ameaça destruir as condições sociais da vida. Afinal de contas, ninguém sobrevive sem ser interpelado; ninguém sobrevive para contar a própria história sem antes ser iniciado na linguagem quando é convocado, quando lhe são oferecidas algumas histórias e quando é inserido no mundo discursivo das histórias. É somente depois que o sujeito encontra seu caminho na linguagem, só depois que a linguagem lhe é imposta e já produziu uma rede de relações na qual a afetividade atinge alguma forma de articulação. Entramos em um ambiente comunicativo quando somos infantes e crianças que são interpelados e aprendem determinadas maneiras de interpelar de volta. Os padrões preestabelecidos dessa relacionalidade surgem como opacidade em todo relato que damos de nós mesmos.

Eu diria que a estrutura de interpelação não é uma característica da narrativa, não é um de seus muitos e variáveis atributos, mas sim uma interrupção na narrativa. No momento em que o relato é direcionado a alguém, ele assume uma dimensão retórica que não é redutível a uma função narrativa. Ele presume esse alguém e busca recrutá-lo e agir sobre ele.

Algo acontece na linguagem quando começo a fazer um relato de mim mesma: meu relato é invariavelmente interlocutório, espectral, carregado, persuasivo e tático. Pode muito bem buscar comunicar uma verdade, mas só pode fazê-lo, se puder realmente fazê-lo, exercendo uma dimensão relacional da linguagem.

Essa visão também tem implicações para a emissão de juízos morais: a saber, que a estrutura de interpelação condiciona a emissão de juízos sobre alguém ou suas ações, que ela não é redutível ao juízo, e que o juízo, não obrigado à ética implicada pela estrutura de interpelação, tende à violência.

Mas aqui, por enquanto, manterei minha atenção voltada para uma coerência duvidosa que por vezes se associa à narrativa, especificamente ao modo como a coerência narrativa pode impedir um recurso ético – ou seja, uma aceitação dos limites de cognoscibilidade em si mesmo e nos outros. Sustentar que uma pessoa deve fazer um relato de si mesma de forma narrativa pode ser o mesmo que exigir uma falsificação da vida em questão para satisfazer o critério de determinado tipo de ética, mais exatamente a ética que tende a romper com a relacionalidade. É possível satisfazer o ônus de prova que outro impõe sobre o relato, mas que tipo de cena se produziria como consequência? A relação entre os interlocutores se dá entre um juiz que examina as evidências e um requerente que tenta se colocar à altura de um ônus de prova indecifrável. Nesse sentido, não estamos tão distantes de Kafka. Na verdade, se exigimos que alguém seja capaz de contar, de forma narrativa, as razões por que sua vida tomou o caminho que tomou, ou seja, ser um coerente autobiógrafo, talvez prefiramos uma história contínua a algo que poderíamos chamar, a título experimental, de verdade da pessoa, uma verdade que, até certo ponto e por razões que já sugerimos, poderia se tornar mais clara nos momentos de interrupção, obstrução e indefinição – nas articulações enigmáticas que não se podem traduzir facilmente em forma narrativa.

Isso nos coloca mais próximos de uma compreensão da transferência como prática ética. Com efeito, se, em nome da ética, nós (violentamente) exigimos que o outro cometa determinado ato violento consigo próprio, e o faça diante de nós por meio de um relato narrativo ou de uma confissão, então, de maneira oposta, se permitimos, sustentamos e aceitamos a interrupção, o resultado pode ser determinada prática de não violência. Se a violência é o ato pelo qual um sujeito busca restabelecer o próprio controle e a própria unidade, então a não violência pode ter sua origem na vivência do persistente desafio do controle do eu induzido e exigido pelas nossas obrigações para com os outros.

A impossibilidade de uma narrativa plena talvez implique que, desde o princípio, estamos eticamente implicados na vida dos outros. Embora muitos digam que ser um sujeito dividido – ou um sujeito cujo acesso a si mesmo é para sempre opaco, um sujeito incapaz de fundar a si mesmo – significa precisamente *não* ter os fundamentos para a ação e as condições de responsabilização, o modo como somos, desde o início, interrompidos pela alteridade pode nos tornar incapazes de oferecer um fechamento narrativo para nossa própria vida. O propósito aqui não é celebrar certa noção de incoerência, mas apenas destacar que nossa "incoerência" define o modo como somos constituídos na relacionalidade: implicados, obrigados, derivados, sustentados por um mundo social além de nós e anterior a nós.

Dizer, como alguns, que o si-mesmo *tem de* ser narrado, que somente o si-mesmo narrado pode ser inteligível e sobreviver, equivale dizer que não podemos sobreviver sem um inconsciente. É o mesmo que dizer, com efeito, que o inconsciente nos ameaça com uma incompreensibilidade insuportável e que, por essa razão, devemos nos opor a ele. O "eu" que faz esse tipo de declaração certamente será, de uma forma ou de outra, acossado por aquilo que renega. Um "eu" que toma essa posição – e trata-se de *uma posição* e tem de sê-la, direita, alerta, conhecedora – acredita sobreviver sem o inconsciente. Ou, se aceita o inconsciente, aceita-o como algo totalmente recuperável pelo "eu" conhecedor, talvez como uma posse, na crença de que o inconsciente possa ser total e exaustivamente traduzido no que é consciente. É fácil perceber que essa posição é defendida, mas ainda é preciso descobrir no que consiste essa defesa particular. Afinal, trata-se da posição que muitos assumem contra a própria psicanálise. Na linguagem que articula a oposição a um começo não narrável reside o medo de que a ausência de narrativa represente uma ameaça à vida e um risco, se não a certeza, de certo tipo de morte, a morte de um sujeito que não pode e nunca poderá reaver de todo as condições de seu próprio surgimento.

Mas essa morte, se de fato o for, é apenas a morte de certo tipo de sujeito, um sujeito que, para começar, nunca foi possível; a morte de uma fantasia do domínio impossível, e por isso uma perda daquilo que nunca se teve. Em outras palavras, uma aflição necessária.

O "eu" e o "tu"

> *Sou tu,*
> *Se sou*
> Paul Celan

Tento começar, então, uma história de mim mesma partindo de algum lugar, delimitando um momento, tentando construir uma sequência, oferecendo, talvez, ligações causais ou pelo menos uma estrutura narrativa. Eu narro e me comprometo enquanto narro, relato a mim mesma, ofereço um relato de mim mesma a outra pessoa na forma de uma história que poderia muito bem resumir como e por que sou.

Mas meu esforço de resumir a mim mesma fracassa, e fracassa necessariamente, quando o "eu" apresentado na primeira frase como voz narrativa não pode fazer um relato de como se tornou um "eu" que pode narrar a si mesmo ou narrar esta história em particular. E à medida que crio uma sequência e ligo um evento a outro, oferecendo motivações para iluminar as pontes entre eles, criando padrões claros, identificando determinados eventos ou momentos de reconhecimento como centrais, até mesmo assinalando certos padrões recorrentes como fundamentais, não comunico meramente algo sobre meu passado, embora não haja dúvidas de que parte do que faço consiste nisso. Eu também enceno o si-mesmo que tento descrever; o "eu" narrativo reconstitui-se a cada momento que é evocado na própria narrativa. Paradoxalmente, essa evocação é um ato performativo e não narrativo, mesmo quando funciona como ponto de apoio para a narrativa. Em outras palavras, estou fazendo alguma coisa com esse "eu" – elaborando-o e posicionando-o em relação a uma audiência real ou imaginária – que não é contar uma história sobre ele, mesmo que "contar" continue sendo parte do que faço. Qual parte desse "contar" corresponde a uma ação sobre o outro, uma nova produção do "eu"?

Assim como existe uma ação performativa e alocutária executada por esse "eu", há um limite ao que o "eu" pode realmente recontar. Esse "eu" se fala e se articula, e ainda que pareça fundamentar a narrativa que conto, ele é o momento mais infundado da narrativa. A única história que o "eu" não pode contar é a história de seu próprio surgimento como "eu" que, além de falar, relata a si mesmo. Nesse sentido, há uma história sendo contada, mas o "eu" que a conta, que pode aparecer nela como narrador em primeira pessoa, constitui um ponto de opacidade e interrompe a sequência, induz uma quebra ou erupção do não narrável no meio da história. Desse modo, a história que conto de mim mesma, destacando o "eu" que sou e inserindo-o nas sequências relevantes de uma coisa chamada "minha vida", deixa de relatar a mim mesma no momento em que apareço. Com efeito, apareço como aquela de quem nenhum relato pode ou será dado. Estou fazendo um relato de mim mesma, mas não há relato a ser feito quando se trata da formação desse "eu" que fala e que narraria sua vida. Quanto mais eu narro, mais provo ser menos capaz de fazer um relato de mim mesma. O "eu" arruína minha história, apesar de suas melhores intenções.

O "eu" não pode fazer um relato definitivo ou adequado de si mesmo porque não pode retornar à cena de interpelação que o instaurou e não pode narrar todas as dimensões retóricas da estrutura de interpelação na qual ele relata a si mesmo. Essas dimensões retóricas da cena de interpelação não podem ser reduzidas à narrativa, o que fica claro no contexto da transferência, ou melhor, no modelo de comunicação que a transferência proporciona, porque nele somos o sujeito com quem de vez em quando se fala e que também fala, sempre, direta ou indiretamente, na forma de uma interpelação.

Quando tento dar um relato de mim mesma, eu o faço sempre *para* alguém que, acredito, recebe minhas palavras de determinada maneira, embora eu não saiba e não possa saber qual. Na verdade, a pessoa que ocupa a posição de receptor pode não receber nada e estar envolvido em algo que, sob nenhuma circunstância, poderia ser chamado de "recepção", fazendo por mim nada mais que estabilizar certo espaço, uma posição, um lugar estrutural onde se articula a relação com uma recepção possível. Desse modo, é irrelevante se existe ou não um outro que seja de fato receptor, pois o importante é que exista um lugar onde aconteça a relação com uma recepção possível. Essa relação com uma possível recepção assume muitas formas: ninguém pode escutar isso; esse aqui certamente vai entender isso; serei recusada aqui, mal compreendida ali, julgada, descartada, aceita ou acolhida. Neste e noutros casos, a transferência produz um cenário do passado, encenando precisamente o que não pode se dar de outra forma expressiva, ao mesmo tempo que esse recurso mais arcaico dá origem a uma nova relação, possivelmente alterada. Para ser mais exata, a transferência é a prova viva de que o passado não é passado, pois a forma que o passado assume agora faz parte da orquestração presente da relação com o outro, que é a própria transferência. Nesse sentido, para que o passado seja vivido no presente, a narração não é o único caminho possível, tampouco o mais atraente em termos afetivos: o passado está ali e agora, estruturando e dando vida aos contornos de uma relacionalidade preestabelecida, dando vida à transferência, ao recrutamento e ao uso do analista, orquestrando a cena de interpelação.

As pessoas procuram um analista, acredito, para ter alguém que ouça suas palavras. Isso gera um dilema, pois aquele que deveria receber as palavras é, em grande medida, desconhecido; o receptor, de certa maneira, torna-se uma alegoria da repetição, da relação fantasmática com o receber que se articula com o outro, ou pelo menos na presença dele. Mas se se trata de uma alegoria, ela não é redutível a uma estrutura de recepção que se aplicaria igualmente bem a todos, embora nos dê as estruturas gerais dentro das quais é possível compreender uma vida particular. Os sujeitos que se narram em primeira pessoa encontram uma dificuldade comum. Há momentos em que claramente não posso contar a história em linha reta, então perco o fio da meada, começo de novo, esqueço um elemento crucial, e fica difícil pensar em como introduzi-lo na trama. Começo a pensar e pensar que deve haver um fio conceitual que me forneça uma narrativa, algum elo perdido, alguma possibilidade de cronologia, e o "eu" vai ficando cada vez mais conceitual, cada vez mais alerta, concentrado, determinado. Nesse ponto, quando chego perto da perspectiva de autossuficiência intelectual na presença do outro, quase o excluindo do meu horizonte, o fio da minha história se aclara. Se atinjo essa autossuficiência, perde-se minha relação com o outro. Então revivo um abandono e uma dependência que me são opressores. Nessa conjuntura, surge outra coisa que não uma elaboração precisamente conceitual da experiência. O "eu" que narra descobre que não pode dar um direcionamento à sua narração, descobre que não pode descrever sua incapacidade de narrar, tampouco dizer por que a narração entra em colapso. Passa a se experimentar, ou melhor, a se reexperimentar como radicalmente, se não irremediavelmente, desconhecedor de si mesmo. Nesse momento, o "eu" não mais transmite uma narrativa a um analista receptor ou outro; o "eu" está fazendo uma cena, recrutando o outro para a cena de sua opacidade para consigo mesmo. O "eu" entra em colapso de maneiras bem específicas diante do outro, ou, como diria Lévinas, na cara do Outro (originalmente escrevi "a em cara do Outro", indicando que minha sintaxe já está entrando em colapso), ou ainda em virtude da cara, da voz ou da presença silenciosa do Outro. O "eu" descobre que, na presença de um outro, ele entra em colapso. Não conhece a si próprio; talvez jamais conhecerá. Mas sua missão é essa, conhecer a si próprio? O objetivo final é chegar a um relato narrativo adequado de uma vida? Deveria ser? Sua missão é cobrir, por um meio narrativo, a quebra ou ruptura constitutiva do "eu", que com muito vigor une os elementos como se fosse perfeitamente possível, como se a ruptura pudesse ser corrigida e o controle defensivo, restabelecido?

Perante o outro, não se pode fazer um relato do "eu" que o tempo inteiro tenta relatar a si mesmo. Nesse processo deve surgir certa humildade, talvez também determinado conhecimento sobre os limites do que há para conhecer. Nesse sentido, talvez todo analisando se torne um kantiano leigo. Mas ainda resta falarmos sobre outra coisa: uma questão sobre a linguagem e a historicidade. *O meio pelo qual se produz a constituição do sujeito não é igual à forma narrativa que a reconstrução dessa constituição tenta fornecer.* Qual é, então, o papel da linguagem na constituição do sujeito? E que papel diferente ele assume quando busca recuperar ou reconstruir as condições de sua própria constituição? Em primeiro lugar, há a pergunta "De que maneira minha constituição torna-se 'minha'?". Onde e quando surge esse pressuposto de propriedade e pertencimento? Não podemos contar uma história sobre isso, mas talvez ela esteja disponível para nós de outra maneira, como pela linguagem. No momento em que digo "eu", não estou citando o lugar pronominal do "eu" na linguagem, mas sim atestando uma invasão primária e ao mesmo tempo tomando distância dela, uma maneira primária pela qual sou, antes de adquirir um "eu", um ser que já foi tocado, movido, alimentado, modificado, colocado para dormir, estabelecido como sujeito e objeto da fala. Meu corpo infantil não foi só tocado, movido e arrumado: essas invasões funcionaram como "sinais táteis" que deixaram um registro na minha formação. Esses sinais se comunicam comigo de maneiras que não são redutíveis à vocalização. São sinais de um outro, mas também são traços dos quais acabará surgindo um "eu" que nunca será capaz de recuperar ou ler plenamente esses sinais e para quem estes continuarão, em parte, opressores e ilegíveis, enigmáticos e formativos.

Já consideramos a diferença entre o conceito de "articulação" na obra de Bollas e o de narração, sugerindo que o que é "expressivo" e "articulado" nem sempre pode assumir uma forma narrativa para constituir algum tipo de transformação psíquica ou para realizar uma alteração positiva na relação transferencial. Propus não só que o termo "articulação" sugere os limites da responsabilização narrativa como um modelo desejado de expansão, mas também que a própria articulação tem seus limites necessários e que a articulação plena seria uma aspiração tão problemática para a psicanálise quanto o fechamento e o domínio narrativos. Jean Laplanche defende que o limite à articulação plena aparece não por causa de uma "barra" lacaniana que forclui o retorno a uma *jouissance* originária, mas sim por causa das impressões opressoras e enigmáticas suscitadas na criança pelo mundo adulto em sua especificidade. Para Laplanche, não existe o Outro no sentido simbólico, apenas os vários outros que equivalem a adultos cuidadores no mundo da criança. Com efeito, para Laplanche não há razão para assumir que esses cuidadores se organizem, em termos edípicos, como "pai" e "mãe".[20]

---

[20]Ver FLETCHER, John. The Letter in the Unconscious: The Enigmatic Signifier in Jean Laplanche. In: FLETCHER, John; STANTON, Martin (Org.). *Jean Laplanche: Seduction, Translation, and the Drives*. Londres: ICA, 1992. Fletcher mostra com clareza que o recurso de Laplanche ao "mundo adulto" como fonte de mensagens sexuais é um afastamento significativo

Enquanto para Bollas o ambiente no qual o analista é recrutado pela transferência e contratransferência é aquele em que o analisando se envolve em uma orquestração desconhecida, porém ativa, da cena e do "uso" do analista, para Laplanche parece que a experiência primária do infante é invariavelmente a de ser oprimido, não só "impotente" em

---

das explicações psicanalíticas segundo as quais uma cena edípica com a Mãe e o Pai estrutura o desejo em um nível primário. Nessa linha de raciocínio, Fletcher retoma a dívida de Laplanche para com a obra de Jacques Lacan, bem como seu afastamento dela. No final do ensaio, Fletcher observa que a teoria de Laplanche a respeito do "significante enigmático" surge como alternativa clara ao simbólico lacaniano.

Essa teoria contrapõe a lei paternal, ligada ao relato estruturalista do intercâmbio de mulheres e as premissas universalistas da "cultura", com o conceito de significante enigmático, que assume não só que o inconsciente primário e as mensagens sexuais se imprimem na criança (constituindo o sentido e a eficácia da "sedução primária"), mas também que os outros primários responsáveis por essas impressões estão sob o controle de mensagens semelhantes, mensagens que jamais poderão ser plenamente decodificadas ou recuperadas. Com efeito, nas palavras de Fletcher, "o Édipo não é mais primal no sentido de ser primeiro, mas é topograficamente localizado como secundário, ainda que envolva a reelaboração de inscrições e traduções anteriores, e não é mais primal no sentido de universal, mas sim culturalmente contingente" (p. 118).

Fletcher termina seu ensaio com duas observações. Primeiro, ele afirma que Laplanche claramente inaugurou uma possibilidade psicanalítica para explicar "aqueles trajetos psíquicos que desviam da função normalizadora da lei paternal e suas polaridades edípicas ou que tentam normalizá-las (por exemplo, diversas homossexualidades masculinas e femininas)". Embora Fletcher não nos mostre precisamente como isso poderia funcionar, sustenta que essa possibilidade tem origem no deslocamento da lei paternal pelo significante enigmático. Segundo, ele faz alusão a um projeto futuro, a saber, como explicar o gênero na esteira do deslocamento edípico da primazia: "Com sua reelaboração das pulsões no contexto da sedução primária, Laplanche não esclarece nem faz nenhuma teorização a respeito de como devemos repensar agora a constituição psíquica e a inscrição de uma imagem corporal diferenciada em termos sexuais e genitais (a repressão e a simbolização de quais significantes enigmáticos?), o fundamento ou pelo menos o terreno para a formação de identidades de gênero" (p. 119).

94   FILÔ

virtude de capacidades motoras não desenvolvidas, mas profundamente ignorante das invasões do mundo adulto. Desse modo, o resíduo de uma situação primária de ter sido oprimido, que precede a formação do inconsciente e das pulsões, surge como enigmático dentro da transferência.

Laplanche fala da "abertura perceptiva e motora para o mundo" que caracteriza a condição primária da vida infantil, que atua a serviço da autopreservação. O infante precisa estar aberto ao ambiente para se adaptar a seus termos e garantir a satisfação de suas necessidades mais básicas. Essa abertura também constitui uma exposição precoce ao mundo adulto da sexualidade inconsciente, embora Laplanche seja claro ao dizer que a sexualidade não deriva da autopreservação. Ela surge como consequência de um mundo social, de mensagens ou significantes impostos na criança a partir do ambiente e que produzem impressões primárias opressoras e indomináveis às quais é impossível se adaptar facilmente. Com efeito, essas impressões primárias constituem um trauma primário insustentável, nomeado por ele como "processo primário absoluto". Consequentemente, ocorre uma repressão primária (ação nenhuma efetua essa repressão, existe apenas a ação da própria repressão) que institui o inconsciente e estabiliza os "primeiros objetos–fontes, ou seja, as fontes das pulsões".[21] A "representação da coisa" dessas impressões primárias é reprimida: como consequência do trauma, um objeto originalmente exterior instala-se como fonte ou causa das pulsões sexuais. As pulsões (de vida e de morte) não são consideradas primárias –

---

[21]LAPLANCHE, Jean. The Drive and the Object-Source: Its Fate in the Transference. In: FLETCHER; STANTON (Org.). *Jean Laplanche: Seduction, Translation, and the Drives*, p. 191; La Pulsion et son objet-source: son destin dans le transfert. In: *Le Primat de l'autre en psychanalyse*. Paris: Flammarion, 1997. p. 227-242. Como fonte textual dessa posição, ver FREUD, Sigmund. O inconsciente. In: *Obras completas*. Tradução de Paulo César Lima de Souza. São Paulo: Companhia das Letras, 2010. v. 12. p. 105-108, para a distinção entre a representação da palavra e a representação da coisa no inconsciente.

originam-se na interiorização dos desejos enigmáticos dos outros e carregam o resíduo desses desejos originalmente externos. Como resultado, cada pulsão é acossada por uma estranheza (*étrangèreté*), e o "eu" descobre-se estranho para si mesmo em seus impulsos mais elementares.

Laplanche tem ciência de que essa descrição contesta tanto a primazia das pulsões quanto a atribuição de sua fonte à biologia pura: "quanto à relação da pulsão com o corpo e as zonas erógenas, não deveríamos conceber essa relação com o corpo como ponto de partida, mas sim como ação dos objetos-fontes reprimidos no corpo" (p. 191). Com efeito, o infante não pode lidar com o que Laplanche chama de "mensagens" do mundo adulto. Ele as reprime na forma de "representações das coisas" (conceito dado por Freud em suas teorizações sobre o inconsciente), que surgem depois, em forma enigmática, para o sujeito de desejo parcialmente cognoscente. Essa origem irrecuperável e não temática do afeto não pode ser recuperada pela articulação propriamente dita, seja em forma narrativa, seja por qualquer outro meio de expressão. Em termos metateóricos, podemos reconstruir o cenário da repressão primária, mas sujeito nenhum pode narrar a história de uma repressão primária que constitui a base irrecuperável de sua própria formação.

Para Laplanche, a repressão primária reconstitui o afeto opressor como "representações da coisa" no inconsciente, e essas representações surgem, por sua vez, como "significantes enigmáticos". Esse processo é a consequência do mundo adulto, entendido como "totalmente embebido de significações inconscientes e sexuais", que se impõe a um infante que "não possui as reações emocionais e psicológicas que correspondem às mensagens sexualizadas que lhe são propostas" (p. 188). De maneira semelhante, Laplanche observa que a questão do infante não é se ele pode ou não ter o seio (questão que pressupõe uma exposição prévia à proibição incestuosa), mas sim "O que o seio quer de mim?" (p. 188). O desejo surge primeiro do exterior e de forma opressora e retém essa qualidade exterior e estranha quando se torna desejo do sujeito. Desse modo, se a abordagem laplanchiana à sexualidade infantil e às condições primárias da formação do sujeito suscita alguma questão dentro da transferência, essa questão não seria "Quem és tu?", mas sim "Quem é esse 'tu' que exige de mim o que não posso dar?". Em uma entrevista concedida a Cathy Caruth, Laplanche diz:

> É um grande erro dos psicanalistas tentar elaborar uma teoria do conhecimento partindo da assim chamada psicanálise — por exemplo, partindo do seio e da realidade do seio. Até mesmo como faz Winnicott, que parte da primeira posse do não-eu e constrói o mundo exterior começando com o que chamou de objeto transicional e assim por diante. O problema, no nosso nível humano, é que o outro não precisa ser reconstruído. O outro é anterior ao sujeito. O outro, no nível sexual, penetra no mundo biológico. Por isso não é preciso construí-lo, pois ele primeiro surge para nós como enigma.[22]

Laplanche afirma que, a princípio, o infante registra passivamente esses significantes enigmáticos. A repressão constitui a primeira ocorrência de uma ação, mas poderíamos dizer que é uma ação que precede todo agente. Uma vez reprimidos, esses significantes enigmáticos começam a "atacar" de dentro, e algo desse ataque enigmático também sobrevive na experiência adulta da sexualidade. Alguma coisa atua em nosso desejo e sobre ele, algo que não pode ser recuperável pela tematização ou pela narrativa. O objetivo de nossos impulsos não só se torna enigmático e inescrutável para a criança, mas também continua enigmático em certa medida durante a vida inteira. Essa situação dá origem à teorização da criança, a tentativa de associar esses ataques, de dar alguma coerência a eles.

Na verdade, Laplanche sugere que a própria teoria surge dessa dificuldade como modo de estabelecer padrões e sentidos

---

[22]CARUTH. Interview with Jean Laplanche, parágrafo 124.

para o enigma que constitui nossa opacidade fundamental em relação a nós mesmos. Na transferência psicanalítica, não se pode recuperar nem eliminar esse enigma (isso seria recuperar e eliminar o próprio processo primário).[23] Para Laplanche, a transferência reproduz e renova a cena primal de sedução. A questão, portanto, não é quem o analista representa, mas apenas "O que o analista quer de mim?". Por conseguinte, na entrevista com Caruth, Laplanche deixa claro o que o diferencia de Winnicott: "em vez de dizer a primeira posse do não-eu, o problema para o ser humano sexual é ter a posse do primeiro-eu. Ou seja, construir um Eu a partir do excesso da alteridade". Nós não nos movemos a partir de um Eu que deve reconstruir o mundo objetivo, mas nos encontramos cercados, desde o início, por uma alteridade enigmática que torna a elaboração de um "eu" uma conquista constantemente difícil. A questão não é partir de um Eu estabelecido em direção ao mundo dos outros, ir além do narcisismo rumo à possibilidade de apego. Em vez disso, o apego já é sobredeterminado desde o início, uma vez que o outro cerca e engolfa o infante, e o surgimento dessa invasão primária é uma luta cujo sucesso só pode ser limitado.

Laplanche, desse modo, postula o desejo alheio como precondição do "nosso próprio" desejo. Quem deseja quando "eu" desejo? Parece que no meu desejo há um outro, e essa *étrangèreté* perturba meu esforço de dar sentido a mim mesma como um ser limitado e separado. Posso tentar contar a história de mim mesma, mas outra história já acontece em mim, e não há como distinguir o "eu" que surgiu dessa condição infantil do "tu" – o conjunto de "tus" – que habita e desapossa meu desejo desde o princípio. Podemos dizer, então, que o fracasso de Georg em se separar totalmente dos pais, o apego "demasiado" que o leva ao desfecho suicida, pode ser interpretado em um viés laplanchiano. A sentença de morte foi um ato seu ou de seu pai? Haveria como separar

---

[23]LAPLANCHE. The Drive and the Object-Source, p. 193.

uma ação da outra? Por que o pai se joga na cama depois de sentenciar a morte do filho? O que impele o filho para fora do quarto é a força da condenação ou ele é levado a descer as escadas e se dirigir à água por ação própria? *Es triebt ihn*, o que é esse "isso", essa estranheza, que motiva o filho a concretizar sua morte acrobática? Se os pais não podem ser separados do desejo do filho, pareceria então que a "ação" do desejo é menos fundamentada no separado si-mesmo do filho do que em um objeto estranho alojado ali, dando-lhe vida de maneiras não transparentes. Talvez ele tenha sido salvo por uma separação, ou talvez a própria morte fosse o anseio de uma separação definitiva dos pais, combinado fatalmente ao seu amor eterno por eles.

A prioridade do outro para Laplanche leva-o a determinadas conclusões éticas. Em sua entrevista com Caruth, ele observa que nossas primeiras perguntas sobre a morte não são sobre a nossa morte, mas sim sobre a morte dos outros: "Por que o outro tem de morrer?", "Por que o outro morre?". O outro, poderíamos dizer, é anterior, e isso significa que não existe referência à própria morte que não seja referência à morte do outro. Na introdução de *Life and Death in Psychoanalysis* [A vida e a morte em psicanálise], ele escreve (e Caruth cita): "Se da atitude freudiana pode se desenvolver certa ética em relação à morte, seria no sentido de uma desconfiança concernente a cada forma de entusiasmo e no sentido de uma lucidez que não oculta o entrosamento da minha morte com a morte do outro".[24]

Essa última observação sugere que a abordagem psicanalítica à primazia do Outro implica uma cautela ética contra entusiasmos que poderiam nos tornar impermeáveis à precariedade da vida. Ela também diz que não podemos preservar nossa própria morte à custa do outro sem que a morte do outro implique a minha própria morte. Existe, por

---

[24]CARUTH. Interview with Jean Laplanche, parágrafo 89.

assim dizer, uma sociabilidade na base do "eu" e sua finitude da qual não podemos – e não devemos – escapar.

Em "Responsabilité et réponse", Laplanche considera as reflexões de Freud sobre a relação entre a responsabilidade e a psicanálise, concentrando-se na pergunta curiosa sobre se devemos nos responsabilizar pelos nossos sonhos.[25] Os sonhos refletem apenas a nossa própria mente ou registram pensamentos e desejos dos outros? Se os pensamentos e desejos dos outros entram na minha mente, então eu sou, ainda que de forma inconsciente, cercada pelo outro. Isso leva Laplanche, consoante Freud, a se concentrar na "humilhação" que a psicanálise implica para a concepção de ser humano, concepção que Laplanche associa à revolução copernicana na esfera da psicologia. Ele escreve que "o homem não tem seu lugar em si mesmo [*chez lui en lui*], o que significa que, em si mesmo, ele não é o mestre e que por fim (aqui as palavras são minhas) está descentralizado" (p. 156). Essa descentralização tem origem no modo como os outros, desde o princípio, transmitem certas mensagens para nós, inculcando seus pensamentos nos nossos, produzindo uma indistinguibilidade entre o outro e eu mesmo no núcleo de quem eu sou.

Essa consideração de uma revolução copernicana na concepção do ser humano leva Laplanche a uma breve discussão de Lévinas. Ele escreve que se interessou pela obra inicial de Lévinas sobre Husserl, mas que não é possível dizer que os textos seguintes o influenciaram (p. 162). Depois fala de sua principal diferença com Lévinas: "a descentralização copernicana vale não só para o sujeito perceptivo autocêntrico e para o *cogito*, mas também para o sujeito considerado autocêntrico no tempo, centrado em seu ser adulto" (p. 163). Para Laplanche, tanto Lévinas quanto Heidegger não descentralizaram a experiência adulta, ou melhor, não viram que a experiência adulta é descentralizada pela experiência infantil o tempo

---

[25]LAPLANCHE, Jean. Responsabilité et réponse. In: *Entre séduction et inspiration: l'homme*. Paris: Presses Universitaires de France, 1999. p. 147-172.

todo: "Se levarmos isso a sério, segundo Freud, a primazia da infância nos descentraliza de maneira tão irremediável – e sem reflexividade – quanto o inconsciente ou o Isso" (p. 163). A pergunta primária a respeito do outro que surge da perspectiva da infância é: "Quem é essa pessoa que fala comigo? [*Quelle est la personne qui me parle?*]" (p. 163). O outro que fala comigo não se encontra em uma troca "recíproca" ou uma comunicação equilibrada. Desde o começo, a situação é assimétrica, e o "eu" encontra-se desarmado e passivo em relação à mensagem do outro. Nessas condições, o infante só pode realizar uma tradução e uma resposta inadequadas.

Qual é, então, a relação entre a primeira resposta, tal qual descrita por Laplanche, e a responsabilidade? Ele recorre à história de Jó e usa uma linguagem levinasiana para descrever o trabalho de responder em uma situação de absoluta dessimetria. O infante responde como Jó responde a um Deus aparentemente cruel, ou seja, a uma "perseguição inominável" (p. 166). Essa impressão persecutória torna-se uma capacidade sexualizada para o sadismo, uma capacidade atestada por nossos sonhos, afirma Laplanche, e que se manifesta na crueldade e na guerra. Lévinas certamente não teria a mesma opinião que Laplanche nessa última posição. Laplanche, contudo, afirma que a resposta da criança ao adulto opressor pode ser rescentralizar-se, ou buscar a rescentralização como modo de vida. Essa tarefa (ptolomaica) procuraria negar o inconsciente, rescentralizar o sujeito e assim tornar o adulto mais vulnerável a extravasar impulsos sádicos que ele se recusa a compreender como seu próprio potencial constitutivo. A transferência pode ser o lugar de reelaboração dessa cena. Mas não há como se livrar desse inconsciente, não existe substituição plena do Eu pelo Isso, e certamente não há como rescentralizar o sujeito sem desencadear um sadismo e uma crueldade inaceitáveis. Vale ressaltar que permanecer descentralizado significa permanecer implicado na morte do outro, e portanto longe da crueldade desenfreada (caso-limite do entusiasmo acrítico) em que o si-mesmo busca se separar de sua sociabilidade constitutiva e aniquilar o outro.

Quando o infante chega ao mundo, ele é entregue desde o início a uma linguagem e a uma série de signos, interpretados de maneira geral, que começam a estruturar um modo já operante de receptividade e demanda. Dessa experiência primária de *ter sido entregue desde o início* surge um "eu". E o "eu", quaisquer que sejam suas pretensões de domínio, nunca vai superar o fato de ter sido entregue desde o início dessa maneira. Pode-se dizer que Lévinas afirma algo parecido. Ele fala de uma passividade anterior à passividade, e com isso quer indicar a diferença entre o sujeito que sofre a passividade, que se relaciona com ela através de determinado tipo de reflexividade, e uma passividade que é anterior ao sujeito, condição de sua própria subjetivação, sua impressionabilidade primária.

De certo modo, o outro aqui é a condição de possibilidade da minha vida afetiva, acomodado dentro de mim como objeto-fonte que dá origem a minhas pulsões e meus desejos. Da perspectiva da relação de objetos, as impressões primárias constituem os objetos, exteriores porém próximos, aos quais um si-mesmo emergente se apegará para satisfazer suas necessidades básicas. Dessa visão, segue-se que o infante estará disposto a amar toda e qualquer coisa que surja como "objeto" (em vez de não amar em absoluto, de não se apegar a nada e colocar em risco sua sobrevivência). Trata-se de um escândalo, é claro, porque nos mostra que, desde o princípio, o amor carece de juízo, e que até certo ponto continua carecendo, pelo menos de bom juízo, durante toda sua existência.

O que estou tentando descrever é a condição do sujeito, mas ela não é *minha*: eu não a possuo. É anterior ao que constitui a esfera do que poderia ser possuído ou afirmado por mim. De maneira persistente, ela anula a pretensão de "minhidade", escarnece-a, às vezes gentilmente, outras vezes violentamente. É uma maneira de ser constituído por um Outro que precede a formação da esfera do que é *meu*. Impressionabilidade primária não é uma característica ou um predicado de um si-mesmo estabelecido de modo que eu possa dizer, como advertência: "Sou impressionável". Eu

102   FILÔ

poderia dizer isso, mas seria uma forma paradoxal de falar, e eu não estaria me referindo à impressionabilidade em sua forma primária. Chego a declarações desse tipo como uma tentativa de lidar com o que continua enigmático, portanto minhas declarações e teorias são impelidas pelas mesmas impressões e pulsões que procuram explicar. Nesse nível, ainda não nos referimos a limites no processo de formação, não buscamos apelar à capacidade de reflexão e autorreferência, suporte linguístico da posse de si. A gramática do sujeito não é válida nesse ambiente, pois a despossessão no outro e através do outro é anterior ao estabelecimento de um "eu" que pode alegar, de vez em quando e sempre com certa ironia, possuir a si mesmo.

O leitor pode pensar que estou fazendo um relato sobre a pré-história do sujeito, uma história que, segundo argumentei, não pode ser contada. Tenho duas respostas para essa objeção. (1) O fato de não haver reconstrução narrativa definitiva ou adequada da pré-história do "eu" que fala não quer dizer que não possamos contá-la; significa apenas que no momento em que a narramos nós nos tornamos filósofos especulativos ou escritores de ficção. (2) A pré-história nunca deixou de acontecer e, como tal, não é pré-história em sentido cronológico. Não está terminada, consumada, relegada a um passado que logo se torna parte de uma reconstrução causal narrativa do si-mesmo. Ao contrário, essa pré-história interrompe o relato que tenho de dar de mim mesma, torna cada relato que dou de mim mesma parcial e malsucedido e constitui, de certa forma, minha incapacidade de ter de responder plenamente por minhas ações — ou seja, constitui minha "irresponsabilidade" final pela qual posso ser perdoada simplesmente porque me seria impossível agir diferente. Essa incapacidade de agir diferente é nossa dificuldade comum.

Essa pré-história continua acontecendo toda vez que enuncio a mim mesma. Ao falar do "eu", experimento algo que o "eu" não pode capturar ou assimilar, pois sempre chego tarde demais a mim mesma. (As abelhas de Nietzsche em *Genealogia da moral* prenunciam claramente o conceito psicanalítico de *Nachträglichkeit*.) Nunca posso dar o tipo de relato de mim mesma exigido tanto por certas formas de moral quanto por alguns modelos de saúde mental, a saber, que o si-mesmo fale de si numa forma narrativa coerente. O "eu" é o momento do fracasso em qualquer esforço narrativo de fazer um relato de si mesmo. Permanece sendo aquilo que não pode ser relatado e, nesse sentido, constitui o fracasso exigido pelo próprio projeto da narração de si. Toda tentativa de fazer um relato de si mesmo está fadada a se deparar com esse fracasso e tropeçar nele.

Mas talvez não haja uma razão necessária para que esse encontro com o fracasso aconteça. Afinal, é importante lembrar-se da posição contra a ideia de inconsciente, a posição segundo a qual um si-mesmo não narrável não pode sobreviver e não é viável. Para essa posição, parece, a própria possibilidade de vida do sujeito reside na sua capacidade de ser narrável. A postulação do não narrável representa uma ameaça a esse sujeito – aliás, pode representar a ameaça de morte. Não acredito que ela tome inevitavelmente a forma generalizada "Se não posso contar uma história sobre mim mesma, então morrerei". Mas, em situações de pressão moral, pode assumir a seguinte forma: "Se não sou capaz de relatar de algumas das minhas ações, então é melhor que eu morra, pois não posso me ver como autora dessas ações e não posso me explicar para quem se sentiu prejudicado por elas". Fato é que existe certo desespero nessa situação, quando repito a mim mesma e quando minhas repetições põem em cena repetidas vezes o lugar do meu radical desconhecimento de mim. Como devo viver nessas circunstâncias? Talvez morrer fosse melhor do que continuar vivendo com essa incapacidade de me tornar ética fazendo um relato de mim mesma de modo que não só explique o que faço, mas também me permita assumir uma agência maior naquilo que faço.

O que surpreende nesses extremos de autocensura é a pomposa noção de um "eu" transparente que se pressupõe como ideal ético. Dificilmente se trata de uma crença em que a aceitação de si (uma humildade em relação às próprias limitações constitutivas) ou a generosidade (disposição para aceitar os limites dos outros) encontrariam espaço para florescer. Decerto há momentos de repetição, opacidade e angústia que motivam a ida ao analista, ou, se não ao analista, a alguém – um destinatário – que pode ouvir a história e, ao ouvi-la, alterá-la um pouco. O outro representa a possibilidade de a história ser devolvida em uma nova forma, de os fragmentos serem ligados de alguma maneira, de alguma parte da opacidade ser iluminada. O outro presta um testemunho e registra o que não pode ser narrado, agindo como aquele que pode enxergar um fio narrativo, ainda que basicamente aquele cuja prática da escuta encena uma relação receptiva para com o si-mesmo que o próprio si-mesmo, em apuros por causa de sua autocensura, não oferece a si mesmo. Parece crucial reconhecer não só que a angústia e a opacidade do "eu" são atestadas pelo outro, mas que o outro pode se tornar o nome da nossa angústia e opacidade: "*Tu* és minha angústia, certamente. *Tu* és opaco: quem és? Quem é esse tu que reside em mim, do qual não consigo me separar?". O outro também pode recusar, abalar ou "surpreender" essa identificação, isolando o fantasma que mora por trás do nome do outro e oferecendo-o como objeto de análise dentro da cena interlocutória.

Quem fala nessa interpelação, a interpelação da transferência? O que fala aqui? Onde está o "aqui" e onde está o "agora" do tempo transferencial? Se aquilo que sou desafia a captura narrativa, incita a especulação, insiste-se como opacidade que resiste a toda iluminação, tal fato parece ser consequência da minha relação fundamental com um "tu" – um outro interiorizado de maneiras que não posso relatar. Se primeiro sou interpelado e depois minha interpelação surge como consequência, avivada por uma interpelação primária e carregando o enigma dessa interpelação, então eu falo contigo, mas tu também és o que há de opaco no meu ato de falar. Quem quer que sejas, tu me constituis fundamentalmente e te tornas o nome de uma impressionabilidade primária, o nome de um limite incerto entre uma impressão que registro do exterior e um sentido consequente de "mim" que é o lugar desse registro. Nessa cena fundadora, a própria gramática do si ainda não se consolidou. Desse modo, poderíamos dizer, de maneira reflexiva e com certa dose de humildade, que, no início, *Eu sou minha relação contigo*, ambiguamente interpelada e interpelante, entregue a um "tu" sem o qual não posso existir e do qual dependo para sobreviver.

Não há diferença, então, entre o toque e o signo que me recebe e o si-mesmo que sou, porque o limite ainda deve se instaurar, o limite entre o outro e o "eu" – e, assim, sua própria condição de possibilidade – ainda precisa ter lugar. O si-mesmo que ainda não sou (no ponto em que a gramática ainda não permite um "eu") é, no início, subjugado, mesmo que a uma cena de violência, como um abandono, uma destituição, um mecanismo de apoio à vida, uma vez que é, para o melhor ou para o pior, o apoio sem o qual não posso existir, o apoio do qual depende meu próprio ser, que meu próprio ser, fundamentalmente e com uma ambiguidade irredutível, é. Trata-se de uma cena, se é que a podemos chamar assim, para a qual retornamos, dentro da qual acontecem nossas ações e que, gentil ou talvez violentamente, escarnece a postura do controle narrativo. Pode-se tentar encobri-la por completo; com efeito, o "eu" enunciado pode muito bem funcionar como essa cobertura. Para impedir o surgimento dessa opacidade, pode ser que nenhuma medida seja tomada: agir é imediatamente romper a estrutura narrativa e com isso arriscar perder um si-mesmo sobre o qual mantenho controle narrativo. Na verdade, mantenho controle narrativo para protelar uma ameaça de dissolução, que "o agir" poderia precipitar ou que, estou convencida, definitivamente se precipitaria.

Todavia, contar a história de si mesmo já é agir, pois contar é um tipo de ação, executada com um destinatário, geral ou específico, com uma característica implícita. É uma ação voltada para o outro, bem como uma ação que exige um outro, na qual um outro se pressupõe. O outro, portanto, está dentro da minha ação de contar; não se trata apenas de uma questão de transmitir informação *para* um outro que está ali, mais além de mim, querendo saber. Ao contrário, o ato de contar realiza uma ação que pressupõe um Outro, postula e elabora o outro, é dada ao outro ou em virtude do outro, antes do fornecimento de qualquer informação. Então se, no início – e aqui podemos rir, pois não podemos narrar esse início com nenhuma autoridade, e, na verdade, essa narração é a ocasião em que perdemos qualquer autoridade narrativa da qual poderíamos gozar em outras circunstâncias –, *eu só sou na interpelação a ti*, o "eu" que sou não é nada sem esse "tu" e sequer pode começar a referir a si mesmo fora da relação para com o outro, da qual surge sua capacidade de autorreferência. Estou envolvida, entregue, nem mesmo a palavra "dependência" serviria aqui. Isso significa que também sou formada de maneiras que precedem e possibilitam a constituição de mim mesma; é difícil, quiçá impossível, narrar esse tipo específico de transitividade.

Faz-se necessário reconsiderar a relação da ética com a crítica social, uma vez que parte do que considero tão difícil de narrar são as normas – de cunho social – que dão origem a minha existência. Elas são, por assim dizer, a condição da minha fala, mas não posso tematizar plenamente essas condições com os termos da minha fala. Sou interrompida por minha própria origem social, e por isso tenho de encontrar um jeito de avaliar quem sou deixando claro que sou da autoria daquilo que me precede e me excede, e que isso, de maneira nenhuma, me exime ter de relatar a mim mesma. Mas significa que se me posiciono como se pudesse reconstruir as normas pelas quais se instaura e se sustenta minha condição de sujeito, então recuso a própria desorientação e interrupção da minha narrativa implicadas pela dimensão social dessas normas. Isso não quer dizer que eu não possa falar dessas questões, mas apenas que, quando o faço, devo ter cuidado para entender os limites do que posso fazer, os limites que condicionam todo e qualquer fazer. Nesse sentido, devo adotar uma postura crítica.

3. Responsabilidade

> *A corporeidade de nosso corpo significa,*
> *como a própria sensibilidade, um nó ou desenlace*
> *do ser [...] um nó que não pode ser desfeito.*
>
> Lévinas, *Otherwise than Being*

Então, de acordo com a teoria que tenho defendido neste texto, como será a responsabilidade? Ao insistir em algo não narrável, será que não limitamos o grau de responsabilidade que poderíamos atribuir a nós mesmos e aos outros por suas respectivas ações? Acredito que o próprio significado de responsabilidade tenha de ser repensado tendo como base essa limitação; ela não pode estar ligada ao conceito de um si-mesmo totalmente transparente para si mesmo.[1] Com efeito, responsabilizar-se por si mesmo é reconhecer os limites de toda compreensão de si e estabelecer

---

[1] Thomas Keenan faz uma leitura lúcida e provocadora de Lévinas e Blanchot sobre a responsabilidade que surge da situação de ser mantido refém. No decorrer de sua exposição, ele explica que o si-mesmo que responderia à interpelação do outro não é, de modo preciso, um si-mesmo pessoal, mas um "qualquer", colocando assim a responsabilidade como prerrogativa do anonimato. Ver KEENAN, Thomas. *Fables of*

esses limites não só como condição do sujeito, mas também como precondição da comunidade humana. Não estarei totalmente fora do círculo do Esclarecimento se disser, como digo, que o limite da razão é o signo de nossa humanidade. Talvez seja legado de Kant dizer isso. O relato que dou de mim mesma se desintegra, e certamente por uma razão, mas isso não significa que eu possa dar todas as razões que fariam dele um relato completo. Sou atravessada por razões que não consigo recuperar totalmente, que permanecem enigmáticas, que me acompanham como se fossem minha alteridade familiar, minha própria opacidade privada, ou talvez não tão privada assim. Eu falo como um "eu", mas não cometo o erro de pensar que sei exatamente tudo que estou fazendo quando falo dessa maneira. Descubro que minha própria formação implica o outro em mim, que minha estranheza para comigo mesma é, paradoxalmente, a fonte de minha conexão ética com os outros. Preciso conhecer a mim mesma para poder agir com responsabilidade nas relações sociais? Em certa medida, com certeza sim. Mas há algum valor ético no meu desconhecimento? Se estou magoada, descubro que a mágoa atesta o fato de que sou impressionável, entregue ao outro de maneiras que não posso prever ou controlar totalmente. Não posso pensar na questão da responsabilidade sozinha, isolada do outro. Se faço isso, quer dizer que me retirei do modo de interpelação (ser interpelada e interpelar o outro) no qual o problema da responsabilidade aparece pela primeira vez.

Isso não significa que não possamos ser interpelados de maneira nociva. Ou que sermos interpelados não seja traumático de vez em quando. Para Laplanche, a interpelação primária oprime: ela não pode ser interpretada ou compreendida. É a experiência primária do trauma. Ser interpelado carrega consigo um trauma, ressoa com o traumático; no entanto,

---

Responsibility: Aberrations and Predicaments in Ethics and Politics. Stanford: Stanford University Press, 1997. p. 19-23.

esse trauma só pode ser experimentado com atraso mediante uma *segunda* ocorrência. Outra palavra se coloca em nosso caminho, um golpe, uma interpelação ou nomeação que, de maneira repentina e inexplicável, assassina-nos ao mesmo tempo que, estranhamente, continuamos vivendo como esse ser assassinado, sem parar de falar.

Laplanche e Lévinas: a primazia do Outro

> *Lévinas diz da subjetividade do sujeito. Se quisermos usar essa palavra – Por quê? Por que não? –, talvez devamos dizer de uma subjetividade sem sujeito: o espaço da ferida, a dor do moribundo, o corpo já morto que ninguém pode possuir e nem dele dizer: Eu, meu corpo.*
>
> Maurice Blanchot, *The Writing of the Disaster*

Dado que somos vulneráveis à interpelação dos outros de maneiras que não podemos controlar totalmente, não mais do que controlamos a esfera da linguagem, isso significa que carecemos de capacidade de agir e de responsabilidade? Para Lévinas, que faz uma separação entre a pretensão de responsabilidade e a possibilidade de ação, a responsabilidade surge como consequência de estarmos sujeitos à interpelação não desejada do outro. Isso faz parte do que ele quer dizer quando afirma, exasperado, que a perseguição gera uma responsabilidade *para o perseguido*. A maioria das pessoas se horroriza quando escuta essa declaração pela primeira vez, mas consideremos com cuidado o que ela significa e o que não significa. *Não* significa que eu posso relacionar atos de perseguição que sofri a ações que realizei; que possamos concluir, portanto, que eu mesma causei em mim a perseguição, e que agora é apenas uma questão de descobrir os atos que realizei, mas não reconheci tê-los realizado. Não, a perseguição é justamente o que acontece *sem a garantia de qualquer feito meu*. E ela nos devolve não aos nossos atos e escolhas, mas a uma região da existência que é radicalmente não desejada, a invasão primária e inaugural do Outro em relação a mim, uma intrusão que me acontece, paradoxalmente, antes da minha formação como um "eu", ou melhor, como instrumento da primeira formação de mim mesma no caso acusativo.

Lévinas considera a inauguração acusativa do *moi* – o "eu mesmo" – tanto no sentido gramatical quanto no sentido ético. É somente por meio de uma acusação que o "eu mesmo" surge. Paradoxalmente, nesse sentido, ele concorda com Nietzsche, para quem a acusação da culpa produz a possibilidade de um sujeito. Para Nietzsche, o sujeito surge pela compreensão retroativa do si-mesmo como causa de uma injúria e começa se punir, gerando assim uma reflexividade na qual o "eu" primeiro trata a si mesmo como um objeto, um "eu mesmo". Para Lévinas, no entanto, a responsabilidade *não* surge como preocupação de si ou censura de si e exige que se recorra a um entendimento da relação ética para com o Outro sem se basear em elos causais entre ator e ato.

Em *Otherwise than Being*, Lévinas deixa claro que antes de podermos falar de um si-mesmo capaz de escolher, devemos primeiro considerar como o si-mesmo se forma. Essa formação se dá, nas palavras dele, "fora do ser [*essence*]". Na verdade, a esfera em que o sujeito supostamente surge é "préontológica", no sentido de que o mundo fenomenal das pessoas e coisas só se torna disponível depois que um si-mesmo se formou como efeito de uma invasão primária. Não podemos perguntar pelo "onde" ou "quando" dessa cena primária, pois ela precede e até condiciona as coordenadas espaçotemporais que circunscrevem o domínio ontológico. Descrever essa cena é o mesmo que abandonar o campo descritivo em que um "si-mesmo" é formado e delimitado em um espaço e um tempo e considera seus "objetos" e "outros" como situados em outro lugar. A possibilidade desse encontro epistemológico assume que o si-mesmo e seu mundo objetal já foram constituídos, mas um encontro desse tipo não indaga o mecanismo dessa constituição. O intuito do conceito levinasiano do préontológico é tratar desse problema.

Para Lévinas, meus atos não inauguram um "Eu" ou *moi*, ou seja, ele vai totalmente contra a explicação existencial defendida por Sartre: "anterior ao Eu que toma uma decisão, é necessária a exterioridade do ser, em que o Eu surge ou é acusado". O sentido de "acusação" logo ficará claro, mas consideremos como Lévinas explica esse movimento ou cena primária. Ele nos diz que o Eu surge

> por uma susceptibilidade ilimitada, anárquica e *sem suposição*, que, a despeito da susceptibilidade da matéria determinada por uma causa, é sobredeterminada por uma valorização. O nascimento do Eu é um remorso atormentador, mais precisamente um recuo para dentro de si mesmo; essa é a recorrência absoluta da substituição. A condição ou não condição do Si-mesmo não é originalmente uma autoafeição que pressupõe o Eu, mas precisamente uma afeição pelo Outro, um *trauma anárquico* [an-árquico, sem princípio, e por isso com segurança enigmático, aquele ao qual não se pode atribuir nenhuma causa], esse lado da autoafeição e da autoidentificação, um trauma da responsabilidade, não da causalidade.[2]

Poderíamos aceitar a afirmação de Lévinas de que o trauma primário surge por meio de uma invasão inicial por parte do Outro – esta é, sem dúvida, a visão de Laplanche – sem projetar essa invasão como acusação. Por que esse trauma, essa afeição pelo Outro, surge, pra Lévinas, na forma de acusação e perseguição? Quando ele escreve que "perseguição é o momento preciso em que o sujeito é alcançado ou tocado sem a mediação do *lógos*" (*S*, p. 93), ele se refere mais uma vez a essa cena "pré-ontológica" em que o sujeito é inaugurado, por assim

---

[2] LÉVINAS, Emmanuel. Substitution (1968). In: *Basic Philosophical Writings*. Organização de Adriaan T. Peperzak, Simon Critchley e Robert Bernasconi. Bloomington: Indiana University Press, 1996. p. 93-94; doravante citado no texto como S. Esse ensaio foi republicado depois em *Otherwise than Being*.

dizer, por meio de um "alcance" ou "toque" persecutório que funciona sem a consciência, sem uma causa e sem consonância com nenhum princípio. Precisamos perguntar por que isso é entendido como perseguição, ou melhor, o que Lévinas está tentando nos dizer sobre o que é perseguição. Uma relação passiva com outros seres precede a formação do Eu ou *moi*, ou ainda, em outras palavras, torna-se o instrumento por meio do qual essa formação se produz. Uma formação em passividade, portanto, constitui a pré-história do sujeito, que instaura um Eu como objeto sobre o qual os outros atuam antes de qualquer possibilidade de sua própria atuação. Essa cena é persecutória porque não desejada nem escolhida. É um modo de sermos objeto da atuação do outro anterior à possibilidade de atuarmos nós mesmos ou em nosso nome.

Assim como Laplanche nos alerta que a história que conta sobre a repressão primária, a formação das pulsões e o "eu", tem de ser especulativa, Lévinas cuidadosamente nos adverte que não devemos pensar que encontraremos uma forma narrativa para esse começo pré-ontológico. Escreve Lévinas: "A irrupção de si mesmo na perseguição, a passividade anárquica da substituição, não é um evento cuja história podemos recontar, mas uma conjunção que descreve o Eu [...] sujeito ao ser, sujeito a cada ser" (*S*, p. 90). Essa passividade, que Lévinas chama de "passividade diante da passividade", tem de ser compreendida não como o oposto de atividade, mas como a precondição da distinção entre ativo e passivo feita pela gramática e nas descrições cotidianas das interações dentro do campo estabelecido da ontologia. O que atravessa de maneira sincrônica esse campo da ontologia é a condição pré-ontológica de uma passividade para a qual é impossível converter-se em seu oposto. Para entender isso, precisamos pensar numa susceptibilidade aos outros que seja não desejada e não escolhida, que seja uma condição de nossa responsividade aos outros, até mesmo uma condição de nossa responsabilidade *pelos* outros. Entre outras coisas, isso quer dizer que essa susceptibilidade designa uma não liberdade, e, de maneira paradoxal, é com base nessa susceptibilidade em relação à qual não temos escolha que nos tornamos responsáveis pelos outros.

É claro, não é fácil entender como Lévinas passa da afirmação de que os seres humanos têm uma susceptibilidade "pré-ontológica" radicalmente não escolhida em relação aos outros para a afirmação de que essa susceptibilidade é a base da nossa responsabilidade para com os outros. Ele reconhece de maneira bem clara que essa susceptibilidade primária é uma "perseguição" justamente por não ser desejada, porque estamos radicalmente sujeitos à ação do outro sobre nós e porque não há possibilidade de substituir essa susceptibilidade com um ato de vontade ou um exercício de liberdade. Estamos acostumados a pensar que só podemos nos responsabilizar por aquilo que fizemos, por aquilo cuja origem pode ser atribuída a nossas intenções, nossos feitos. Lévinas rejeita explicitamente essa visão, afirmando que associar a responsabilidade à liberdade é um erro. Torno-me responsável em virtude do que é feito para mim, mas não me torno responsável pelo que é feito para mim se por "responsabilidade" entendermos o fato de eu me culpar pelos ultrajes cometidos a mim. Ao contrário, eu *não* sou primeiramente responsável em virtude de minhas ações, mas sim em virtude da relação com o Outro que é estabelecida no nível da minha susceptibilidade primária e irreversível, minha passividade anterior a qualquer possibilidade de ação ou escolha.

Lévinas explica que a responsabilidade, nesse caso, não é nem um tipo de autocensura nem uma concepção pomposa de minhas ações como o único efeito causal sobre os outros. Antes, minha capacidade de *permitir a ação dos outros sobre mim* coloca-me numa relação de responsabilidade. Isso acontece por meio do que Lévinas chama de "substituição", sendo o "eu" entendido como acossado por um Outro, uma alteridade, desde o início. Escreve ele:

> não se trata aqui de uma questão de se humilhar, como
> se o sofrimento fosse em si [...] um poder mágico de

expiação. A questão é que, no sofrimento, no *trauma original* e retorno a si mesmo, quando sou responsável por aquilo que não quis, absolutamente responsável pela perseguição que sofro, é-me cometido um ultraje (*S*, p. 90).

Ele prossegue e afirma que o si-mesmo que sofre o ultraje é respaldado "a ponto de substituir tudo aquilo que nos impulsiona para esse não lugar" (*S*, p. 90). Algo que não sou eu me impulsiona, e o "eu mesmo" surge precisamente na experiência de ser impulsionada dessa maneira e como efeito dela. A passividade absoluta de "ser impulsionada" é um tipo de perseguição e ultraje, não porque sou *maltratada*, mas porque sou tratada *unilateralmente*; o "eu" pré-emergente que sou não é nada mais nesse ponto do que uma susceptibilidade radical sujeita à invasão do Outro. Se me torno responsável somente pelo fato de o Outro agir sobre mim, é porque o "eu" primeiro existe como um "eu mesmo" pela ação do Outro sobre mim, e essa invasão primária já é desde o início uma interpelação ética.

Como essa substituição entra no quadro? Pareceria que o que me persegue passa a substituir o "eu". O que me persegue dá origem a mim, age sobre mim e me incita, dá-me vida na ontologia no momento da perseguição. Isso sugere não só que se age sobre mim unilateralmente a partir de fora, mas também que esse "agir sobre" inaugura um sentido meu que, desde o início, é sentido do Outro. Age-se sobre mim como objeto acusativo da ação do Outro, e meu si-mesmo toma forma primeiro dentro dessa acusação. A forma que a perseguição toma é a própria substituição: alguma coisa se coloca em meu lugar, e surge um "eu" que só pode compreender seu lugar como um lugar já ocupado pelo outro. No início, então, não sou apenas perseguida, mas também cercada, ocupada.

Se algo me substitui ou toma meu lugar, isso não significa nem que esse algo passa a existir onde outrora eu existi, tampouco que eu deixo de existir, muito menos que me dissolvi no nada em virtude de ser substituída de alguma maneira. Em vez disso, a substituição indica que uma transitividade irredutível, uma substituição que não é um ato único, acontece o tempo todo (*OB*, p. 117). Enquanto a "perseguição" sugere que algo age sobre mim a partir de fora, a "substituição" sugere que algo toma meu lugar, ou melhor, está sempre no processo de tomar meu lugar. "Ser mantido refém" significa que algo me envolve, invade-me de modo que não consigo me libertar. Indica inclusive a possibilidade de que, em algum lugar, deve haver um resgate a ser pago por mim (mas infelizmente, em sentido kafkaesco, essa pessoa não existe mais ou a moeda disponível tornou-se obsoleta).

É importante notar aqui que Lévinas não diz que as relações primárias são abusivas ou terríveis; ele diz apenas que, no nível mais primário, os outros agem sobre nós de maneiras sobre as quais não temos nada a dizer, e que essa passividade, susceptibilidade e condição de *ser invadido* inaugura quem sou. As referências de Lévinas à formação do sujeito não se referem à infância (Laplanche parece correto quando diz que a infância não era um fator para Lévinas) e não recebem explicação diacrônica; a condição, antes, é entendida como sincrônica e infinitamente recorrente.

De maneira mais importante, a condição de ser invadido também é um tipo de "interpelação". Pode-se argumentar que é a voz de ninguém, a voz de um Deus, entendido como infinito e pré-ontológico, que se faz conhecida no "rosto" do Outro. Isso certamente estaria de acordo com muitas afirmações de Lévinas sobre a invasão primária. Para nossos propósitos, no entanto, trataremos o Outro em Lévinas como pertencente a uma idealizada estrutura diádica da vida social. As ações do outro me "interpelam" no sentido de pertencerem a um Outro irredutível, cujo "rosto" me faz uma exigência ética. Poderíamos dizer que "até mesmo o Outro que me brutaliza tem um rosto", e isso capturaria a dificuldade de continuarmos eticamente responsivos para com as pessoas que nos provocam qualquer tipo de injúria. Para Lévinas, no entanto, a exigência é ainda maior: "precisamente o Outro que me persegue tem um rosto". Além disso, o rosto está voltado para mim, individuando-me por meio de sua interpelação. Enquanto a ação do Outro sobre mim (re)inaugura-me pela substituibilidade, o rosto do Outro, digamos, interpela-me de uma maneira singular, irredutível e insubstituível. Desse modo, a responsabilidade não surge com o "eu", mas com o "eu mesmo" acusativo: "Quem finalmente assume o sofrimento dos outros senão aquele que diz: 'eu mesmo' [*Moi*]".[3]

Faz sentido supor que essa susceptibilidade primária à ação e ao rosto do outro, a completa ambivalência de uma interpelação não desejada, seja o que constitui nossa exposição à injúria *e* nossa responsabilidade pelo Outro. Tal susceptibilidade é um recurso ético precisamente porque estabelece nossa vulnerabilidade ou exposição ao que Lévinas chama de "feridas e ultrajes". Esses sentimentos, na visão dele, são "peculiares à responsabilidade". É importante destacar que a condição de substituição que nos dá origem nos estabelece, contudo, como singulares e insubstituíveis em relação à exigência ética que os outros nos impõem: "o si-mesmo origina-se como insubstituível, devotado aos outros, incapaz de se ceder, e portanto encarnado para se oferecer, sofrer e doar" (*OB*, 15).

Se não fosse por essa exposição ao ultraje, não poderíamos responder à demanda de assumir a responsabilidade pelo Outro. É importante nos lembrarmos de que nossa forma comum de pensar a responsabilidade é alterada na formulação de Lévinas. *Não assumimos a responsabilidade pelos atos do Outro como se fôssemos*

---

[3] LÉVINAS, Emmanuel. *Difficult Freedom: Essays on Judaism*. Tradução para o inglês de Sean Hand. Baltimore: The Johns Hopkins University Press, 1990. p. 89; *Difficile liberté: essais sur le judaïsme*. Paris: Albin Michel, 1976. Doravante citado no texto como *DF*. Analiso detalhadamente esse texto em um ensaio inédito, "Prehistories of Postzionism: The Paradoxes of Jewish Universalism".

autores desses atos. Ao contrário, afirmamos a falta de liberdade no cerne de nossas relações. Não posso renegar minha relação com o Outro não obstante o que o Outro faça, não obstante o que eu possa querer. Na verdade, a responsabilidade não é uma questão de cultivar uma vontade, mas de usar uma suscetibilidade não desejada como recurso para se tornar capaz de responder ao Outro. Independentemente do que o Outro tenha feito, ele continuará impondo sobre mim uma exigência ética, continuará tendo um "rosto" ao qual sou obrigado a responder – ou seja, eu sou, por assim dizer, impedida da vingança em virtude de uma relação que jamais escolho.

De certa maneira, é um ultraje ser eticamente responsável por alguém que não escolhemos. Nesse ponto, no entanto, Lévinas chama a atenção para linhas de responsabilidade que precedem e subtendem qualquer escolha possível. Há situações em que responder ao "rosto" do outro é horrível, impossível, e o desejo por vingança assassina tem um peso opressor. Mas a relação primária e não desejada com o Outro exige que desistamos tanto de um voluntarismo quanto de uma agressão impulsiva fundamentada em objetivos egoístas e autopreservadores. O "rosto", portanto, comunica uma enorme proibição contra a agressão direcionada ao perseguidor. Em "Ethics and Spirit", Lévinas escreve:

> O rosto, por sua parte, é inviolável; aqueles olhos, absolutamente sem proteção, a parte mais nua do corpo humano, oferece-me, no entanto, uma resistência absoluta à posse, uma resistência absoluta em que se inscreve a tentação ao assassínio. [...] O Outro é o único ser pelo qual é possível se sentir tentado a matar. A tentação ao assassínio e a impossibilidade de matar constituem a própria visão do rosto. Ver um rosto já é ouvir "Não matarás", e ouvir "Não matarás" é ouvir "justiça social" (*DF*, p. 8).

Se a "perseguição" pelo Outro se refere à variedade de ações impostas unilateralmente sobre nós sem a nossa vontade, o termo assume um sentido mais literal para Lévinas quando ele fala de injúrias e, por fim, do genocídio nazista. De maneira impressionante, Lévinas escreve que, "no trauma da perseguição", a ética consiste em "passar do ultraje sofrido para a responsabilidade pelo perseguidor [...], do sofrimento para a expiação do outro" (*OB*, p. 111). A responsabilidade, portanto, surge como demanda sobre o perseguido, e seu dilema central é se deve-se ou não matar em resposta à perseguição. Trata-se, diríamos, do caso-limite da proibição contra a matança, a condição em que sua justificativa pareceria a mais razoável. Em 1971, Lévinas refletiu sobre o significado do Holocausto para suas reflexões sobre a perseguição e a responsabilidade. Ele certamente sabe que deduzir a segunda da primeira pode refletir perigosamente as ideias de quem culpa judeus e outras vítimas do genocídio nazista por seus próprios destinos. Lévinas claramente rejeita essa visão. No entanto, ele estabelece a perseguição como certo tipo de exigência ética e oportunidade. Situa o nexo específico da perseguição e da responsabilidade no núcleo do judaísmo, até mesmo como essência de Israel. Por "Israel", Lévinas refere-se ambiguamente aos dois sentidos da palavra: o povo judeu e a terra da Palestina. De maneira controversa, ele sustenta que

> a essência central de Israel deriva de sua predisposição inata [*innée*] para o sacrifício involuntário, sua exposição à perseguição. Não que precisemos pensar na expiação mística que cumpriria como um anfitrião. Ser perseguido, ser culpado sem ter cometido nenhum crime, não é um pecado original, mas o anverso de uma responsabilidade universal – uma responsabilidade pelo Outro [*l'Autre*] – mais antiga que qualquer pecado. É uma universalidade invisível! É o reverso de uma escolha que põe em evidência o *eu mesmo* [*moi*] antes mesmo que ele seja livre para aceitar ser escolhido. Cabe *aos outros* decidir se querem se aproveitar dele

[*abuser*]. Cabe ao *eu mesmo* livre [*moi libre*] estabelecer os limites dessa responsabilidade ou reivindicar total responsabilidade. Mas ele só pode fazê-lo em nome daquela responsabilidade original, em nome desse judaísmo (*DF*, p. 225).

Esse parágrafo é complexo e problemático por muitas razões, sobretudo pela ligação direta que Lévinas estabelece entre o sofrimento dos judeus sob o regime nazista e o sofrimento de Israel, entendido como terra e povo, de 1948 a 1971, época em que escreveu essas linhas. A equiparação do destino de Israel com o destino dos judeus é controversa por si só, pois rejeita tanto a tradição diaspórica quanto a tradição não sionista do judaísmo. De maneira mais enfática, é claramente errado dizer que o Estado de Israel *só* sofreu perseguição durante esses anos, dado o deslocamento maciço e forçado de mais de 800 mil palestinos de suas casas e vilarejos só em 1948, sem mencionar as privações provocadas pela guerra e ocupação contínuas. É curioso que nesse aspecto Lévinas derive "perseguição" de suas aparências históricas concretas, estabelecendo-a como uma essência aparentemente atemporal do judaísmo. Se isso fosse verdade, então qualquer argumento histórico contrário poderia ser refutado apenas por razões de definição: "Os judeus não podem ser persecutórios porque, por definição, são perseguidos". Essa atribuição da perseguição ao que "Israel" sofre é consoante sua visão da estrutura pré-ontológica do sujeito. Se os judeus são considerados "eleitos" por carregarem uma mensagem de universalidade, e se, para Lévinas, "universal" é a estrutura inauguradora do sujeito pela perseguição e pela exigência ética, então o judeu torna-se modelo e exemplo dessa perseguição pré-ontológica. O problema, obviamente, é que "o judeu" é uma categoria que pertence a uma ontologia constituída culturalmente (a não ser que seja o nome para acessar o próprio infinito); desse modo, se o judeu mantém uma condição "eletiva" em relação à responsividade ética, então Lévinas confunde totalmente o pré-ontológico com o ontológico. O judeu não faz parte da ontologia ou da história; contudo, Lévinas usa essa isenção para fazer declarações sobre o papel de Israel, considerado historicamente, como objeto de perseguição eterna e exclusiva. A mesma confusão entre os dois domínios é esclarecida em outros contextos em que, com um racismo descarado, Lévinas afirma que o judaísmo e o cristianismo são as precondições culturais e religiosas da própria relacionalidade ética e faz um alerta contra o "advento de incontáveis multidões de asiáticos [*des masses innombrables des peuples asiatiques*] e povos subdesenvolvidos [que] ameaça a recém-fundada autenticidade" (*DF*, p. 165) do universalismo judaico. Isso, por sua vez, é um eco de sua advertência de que a ética não pode ser baseada em "culturas exóticas".

Não vou expor aqui toda minha discordância dessa argumentação (que é complexa e tenaz), mas gostaria de destacar que, para Lévinas, há uma vacilação entre o sentido préontológico de *perseguição* – associado a uma invasão que acontece antes da minha ontologia – e o sentido plenamente ontológico que define a "essência" de um povo. De maneira semelhante, por meio de uma aposição no final do parágrafo, "o nome da responsabilidade original" alinha-se ao "nome desse judaísmo", e nesse ponto parece claro que essa responsabilidade original, e por isso pré-ontológica, é igual à essência do judaísmo. Para que seja uma característica distintiva do judaísmo em particular, ela não pode ser característica distintiva de todas as religiões, e Lévinas deixa isso claro quando faz um alerta contra todas as tradições religiosas que não se referem à história dos santos e a Abraão, Isaac e Jacó (*DF*, p. 165). Ainda que sua versão seja um relato implausível e ultrajante do povo judeu, identificado problematicamente com Israel e concebido apenas como objeto de perseguição e nunca como perseguidor, é possível interpretar sua exposição contra o próprio Lévinas, por assim dizer, e chegar a uma conclusão diferente. Na verdade, as palavras de Lévinas nesse aspecto carregam feridas e ultrajes, e representam um dilema ético para quem se propõe a interpretá-las. Embora ele circunscreva determinada tradição religiosa como a precondição da responsabilidade ética, colocando outras tradições como ameaças à ética, para nós faz sentido insistir, por assim dizer, em um encontro cara a cara justamente aqui, quando Lévinas diz que tal encontro não pode ser feito. Além disso, por mais que ele nos fira, ou talvez justamente porque nos fere, somos responsáveis por ele, mesmo quando a relação se prova dolorosa em sua falta de reciprocidade.

Ser perseguido, diz Lévinas, é o anverso da responsabilidade pelo Outro. Os dois são fundamentalmente ligados, e vemos o correlato objetivo disso no valor duplo do rosto: "A tentação de matar e a impossibilidade de fazê-lo constituem a própria visão do rosto". Ser perseguido pode levar ao assassinato como resposta, até mesmo o deslocamento da agressão assassina para aqueles que de modo nenhum foram autores das injúrias pelas quais se busca vingança. Para Lévinas, no entanto, a exigência ética surge precisamente da humanização do rosto: este que estou tentado a matar por autodefesa é "aquele" que me faz uma reivindicação, impedindo-me de me transformar, inversamente, em perseguidora. Uma coisa é argumentar que a responsabilidade surge da situação de ser perseguido – trata-se de uma afirmação convincente e nada intuitiva, principalmente se a responsabilidade não significa identificar-se como causa da ação injuriosa do outro. Mas argumentar que qualquer grupo constituído historicamente sempre ocupa, por definição, a posição de perseguido e nunca de perseguidor parece não só perturbar os níveis ontológicos e pré-ontológicos como também permitir uma irresponsabilidade inaceitável e o recurso ilimitado à agressão em nome da "autodefesa". Com efeito, os judeus têm uma história culturalmente complexa que inclui o sofrimento com antissemitismo, *pogroms* e campos de concentração onde mais de seis milhões de pessoas foram assassinadas. Mas também existe a história de tradições religiosas e culturais, muitas delas pré-sionistas, e a história, mais debatida do que se costuma reconhecer, de uma relação com Israel como um ideal complexo. Dizer que a perseguição é a essência do judaísmo não só sobrepuja a ação e a agressão realizadas em nome do judaísmo, mas também inviabiliza uma análise cultural e histórica que teria de ser complexa e específica, feita pelo recurso a uma única condição pré-ontológica, uma condição que, entendida como universal, é identificada como a verdade trans-histórica e definidora do povo judeu.

É difícil evocar o domínio "pré-ontológico" a que se refere Lévinas (do qual ele diz que qualquer representação seria uma "traição"), pois ele parece insurgir no ontológico, onde deixa sua marca. Qualquer representação finita trai a infinidade representada, mas as representações carregam a marca do infinito. A "inauguração" do sujeito acontece através da invasão pela qual se comunica uma exigência ética infinita. Mas essa cena não pode ser narrada no tempo; ela se repete ao longo do tempo e pertence a uma ordem que não a do tempo. É interessante, nesse ponto, recordarmos a breve crítica de Laplanche a Lévinas, centrada na incapacidade da posição levinasiana de explicar a formação diacrônica do sujeito humano. Enquanto Lévinas explica a inauguração do "eu mesmo" por meio de uma cena primária da invasão pré-ontológica, cena esta concebida sincronicamente, Laplanche considera o infante, a repressão primária e a formação dos objetos-fontes que se tornam o gerador interno das pulsões e sua recorrente opacidade. Para ambos, no entanto, o *primat* ou a impressão do Outro é primária, inauguradora, e não há formação de um "eu mesmo" fora dessa invasão originalmente passiva e da responsividade formada no crisol dessa passividade.

O infante de Laplanche é "oprimido" por uma sedução generalizada imposta pelo mundo adulto sexualizado, incapaz de receber "mensagens" sexuais que, em sua forma enigmática e incompreensível, tornam-se interiorizadas como um dinamismo opaco em seus impulsos mais primários.

A demanda sexual enigmática do mundo adulto ressurge como demanda sexual enigmática de meus próprios impulsos e pulsões. As pulsões são formadas como consequência dessa invasão por parte do mundo, portanto não existe um Eu já pronto e dotado de suas próprias pulsões internas: existe apenas uma interioridade e um Eu produzido como efeito de uma interiorização dos significantes enigmáticos que surgem no mundo cultural mais amplo. O "eu mesmo" de Lévinas surge não pela sedução, mas pela acusação e perseguição, e ainda que em resposta a esse cenário se constitua uma possibilidade de agressão assassina, esta se iguala a uma responsividade ética que parece existir desde o princípio, uma característica constitutiva de uma susceptibilidade humana primária em relação ao Outro.

No fundo, a posição levinasiana não é compatível com a posição psicanalítica, ainda que pareça que essa perseguição primária seja paralela à noção laplanchiana de uma interpelação primária que oprime. Laplanche sustenta que o inconsciente não pode ser compreendido como "meu" inconsciente, como algo baseado num eu já existente, algo que pode se converter em consciência ou, na verdade, o Eu. Isso não parece se enquadrar na caricatura da psicanálise oferecida por Lévinas, principalmente quando ele afirma que a postulação do inconsciente é inútil. Caberia esperar que o que ele diz lidasse com o tipo de posição que temos lido em Laplanche. O "lado de lá" da consciência não é o inconsciente, diz Lévinas; "o inconsciente, em sua clandestinidade, repete o jogo feito na consciência, a saber, a busca de sentido e verdade como busca do si-mesmo" (S, p. 83). Para Laplanche, não existe restabelecimento da consciência-de-si, bem como decerto não há conversão do Isso ou do inconsciente em Eu ou em consciência, e isso continua sendo o núcleo de sua luta com as formas de psicologia do Eu que buscam justamente esses objetivos. A consciência de si é sempre motivada, de maneira bem literal, por uma alteridade que se torna interna, um conjunto de significantes enigmáticos que pulsam através de nós de maneiras que nos tornam permanente e parcialmente estranhos para nós mesmos.

Embora tanto Laplanche como Lévinas endossem noções de passividade primária e identifiquem o Outro nos primórdios do "eu mesmo", as diferenças entre os dois são significativas. Se analisarmos profundamente a explicação que Laplanche dá para a pulsão, por exemplo, descobriremos que ela é iniciada e estruturada pelo significante enigmático. Não somos capazes de determinar com clareza se a pulsão já está em jogo quando o trauma primário acontece. Mas o deslocamento parece ocorrer apenas em virtude do trauma, e esse deslocamento inicia a pulsão e a separa de sua condição biológica mínima, entendida como "instinto".[4] Se, para Laplanche, há uma impotência primária no rosto de mensagens sexuais enigmáticas transmitidas pelo mundo adulto, e se isso precipita uma regressão primária e a interiorização do significante enigmático, pareceria, então, que essa impressionabilidade primária não é apenas "passiva". Antes, ela é impotente, ansiosa, assustada, oprimida e, por fim, desejosa. Em outras palavras, uma série de respostas afetivas acontece no momento em que se dá uma invasão.

Lévinas não defende a noção de um conjunto primário de necessidades ou pulsões, embora faça alusão a uma noção elementar de agressão ou impulso assassino quando afirma que a ética deve atuar contra a tentação que é matar o Outro. Para Laplanche e Lévinas, no entanto, esses afetos primários, seja agressão ou pulsão, são consequências de uma invasão anterior por parte do Outro, e por isso são sempre "secundários" nesse sentido. Enquanto Laplanche sustenta uma passividade primária indissoluvelmente associada a uma responsividade ética, Laplanche sustenta que existe uma indissolubilidade primária da

---

[4] LAPLANCHE, Jean. *Life and Death in Psychoanalysis*. Tradução para o inglês de Jefrey Mehlman. Baltimore: The Johns Hopkins University Press, 1985; *Vie et mort en pycanalyse*. Paris: Flammarion, 1970. [Edição brasileira: *Vida e morte em psicanálise*. Tradução de Cleonice Paes Barreto Mourão e Consuelo Fortes Santiago. Porto Alegre: Artes Médicas, 1985.]

impressão e da pulsão. Para Laplanche, o mundo adulto transmite para as crianças mensagens predominantemente enigmáticas que produzem uma sensação de impotência e instigam o desejo de controle. Mas essas mensagens não provocam apenas uma impressão. Elas são registradas, tomadas pela pulsão e adentram nas formas que a pulsão assume posteriormente. Trata-se de um território ardiloso, pois seria um erro responsabilizar as crianças pelas mensagens que recebem. Essas mensagens sempre chegam, em primeiro lugar, sem serem solicitadas pelos infantes ou pelas crianças. No entanto, a luta e a tarefa dessa pessoa em formação passam a ser dar um sentido para essas mensagens, encontrar para elas um lugar e, na idade adulta, lidar com o fato de que foram registradas em níveis que a consciência não consegue recuperar totalmente.

Podemos dizer que a experiência de sofrer uma imposição desde o início, contra a própria vontade, aumenta o senso de responsabilidade? Será que destruímos sem saber a possibilidade de ação com todo esse discurso sobre sermos entregues, estruturados, interpelados? Na experiência adulta, não há dúvidas de que sofremos todos os tipos de injúria, inclusive violações. Estas expõem algo de uma vulnerabilidade e impressionabilidade primárias e podem bem lembrar experiências primárias de maneiras mais ou menos traumáticas. Essas experiências formam a base de um senso de responsabilidade? Em que sentido podemos entender que um elevado senso de responsabilidade surge da experiência de ter sofrido injúrias ou violações?

Consideremos por um momento que por "responsabilidade" não me refiro a um senso moral elevado que consiste simplesmente na interiorização da raiva e na sustentação do Supereu. Tampouco me refiro a um senso de culpa que busca encontrar uma causa para o que sofremos em nós mesmos. Certamente, essas são respostas possíveis e predominantes à injúria e à violência, mas são respostas que elevam a reflexividade, sustentando o sujeito, suas pretensões de autossuficiência, sua centralidade e indispensabilidade para o campo de sua experiência. A má consciência é uma forma de narcisismo negativo, como tanto Freud quanto Nietzsche nos mostraram de diferentes maneiras. E, sendo uma forma de narcisismo, ela se afasta do outro, da impressionabilidade, da susceptibilidade e da vulnerabilidade. As inúmeras formas de má consciência analisadas por Freud e Nietzsche nos mostram que as formas moralizantes de subjetividade usam e exploram os impulsos que buscam cercear. Além disso, mostram que o próprio instrumento de repressão se forja nesses impulsos, criando um circuito tautológico em que o impulso alimenta a lei que o proíbe. Mas existe uma teorização da responsabilidade por trás da má consciência? Na medida em que a má consciência provoca o retraimento do sujeito no narcisismo, até que ponto ela não age contra a responsabilidade, precisamente porque forclui a relação primária com a alteridade que nos anima, e da qual surge a possibilidade da responsividade ética?

O que poderia significar sofrer uma violação, insistir em *não* superar a dor e não estancar a vulnerabilidade tão rapidamente voltando-se à violência, e praticar, como experiência em outro modo de vida, a não violência em uma resposta enfaticamente não recíproca? O que significaria, frente à violência, recusar-se a retornar a ela? Talvez tenhamos de pensar, consoante Lévinas, que a autopreservação não é o maior objetivo, e que a defesa de um ponto de vista narcisista não é a necessidade psíquica mais urgente. O fato de sofrermos uma invasão primária contra nossa vontade é sinal de uma vulnerabilidade e de um estado de obrigação que não podemos ignorar, por mais que queiramos. Só podemos nos defender disso colocando a insociabilidade do sujeito acima e contra uma relacionalidade difícil, intratável e muitas vezes insuportável. O que poderia significar criar uma ética partindo da região do não desejado? Significaria que não forcluímos essa exposição primária ao Outro, que não tentamos transformar o não desejado em desejado, mas sim tomar o próprio caráter insuportável da exposição como signo, como lembrete, de uma vulnerabilidade comum, uma fisicalidade e um risco (mesmo que "comum" não signifique "simétrico" para Lévinas).

É sempre possível dizer "Ah, sofri um tipo de violência e isso me dá permissão para agir de acordo com o signo da 'autodefesa'". Muitas atrocidades são cometidas sob o signo da "autodefesa", que, justamente por obter uma justificativa moral permanente para a retaliação, não conhece um fim e não pode ter fim. Tal estratégia desenvolveu uma maneira infinita de renomear sua agressão como sofrimento, e assim fornece uma justificativa infinita para sua agressão. Ou é possível dizer que "eu" ou "nós" provocamos em nós mesmos essa violência, e desse modo explicá-la por meio de nossos feitos, como se acreditássemos na onipotência desses feitos e que eles fossem a causa de todos os efeitos possíveis. Com efeito, esse tipo de culpa exacerba nosso senso de onipotência, às vezes sob o signo de sua crítica. A violência não é uma punição justa que sofremos, tampouco uma vingança justa pelo que sofremos. Ela delineia uma vulnerabilidade física da qual não podemos escapar, que não podemos finalmente resolver em nome do sujeito, mas que pode ajudar a compreender que nenhum de nós está delimitado por completo, separado de todo, mas sim que estamos todos em nossa própria pele, entregues nas mãos dos outros, à mercê dos outros. Essa é uma situação que não escolhemos. Ela forma o horizonte de escolha e fundamenta nossa responsabilidade. Nesse sentido, somos responsáveis por ela, pois ela cria as condições em que assumimos a responsabilidade. Não a criamos, e por isso devemos estar atentos a ela.

Adorno sobre tornar-se humano

> *O mistério da justiça no amor é a ab-rogação do direito*
> *que o amor reclama nos seus gestos sem palavras.*
>
> Adorno, *Minima Moralia*

O modo como respondemos à injúria pode oferecer uma chance de elaborarmos uma perspectiva ética e até de nos tornarmos humanos. Adorno trata desse ponto de diversas maneiras. Ele parece estar falando sobre a ética privada na seguinte passagem de *Minima Moralia*, mas há implicações políticas mais amplas para o que escreve:

> O humilhado e rejeitado apercebe-se de algo, tão cruamente quanto a luz que dores intensas lançam sobre o próprio corpo. Ele se dá conta de que no mais íntimo do amor cego, que nada sabe disso nem pode saber, vive a exigência do não cegado. Fizeram-lhe injustiça; disso ele deriva a demanda do direito e no mesmo passo é obrigado a abrir mão dela, pois o que deseja só pode provir da liberdade. Nesse infortúnio o rejeitado torna-se humano.[5]

A afirmação de que "nesse infortúnio o rejeitado torna-se humano" parece racionalizar a injúria ou elogiar suas virtudes. Mas acredito que nem Adorno nem Lévinas façam um elogio assim.[6] Em vez disso, ambos aceitam a inevitabilidade da injúria, junto com uma complexa situação moral que surge como consequência da injúria sofrida. Contra aqueles que afirmariam que a ética é a prerrogativa dos poderosos, podemos dizer que só é possível compreender determinada concepção de responsabilidade a partir do ponto de vista do injuriado. Qual será a resposta à injúria? E, na linguagem de um admonitório *slogan* político de esquerda, nós "nos tornamos o mal que deploramos"? Se, como observa Adorno, "no mais íntimo do amor cego [...] vive a exigência do não

---

[5] ADORNO, Theodor. *Minima Moralia: Reflections from Damaged Life.* Tradução para o inglês de E. F. N. Jephcott. Londres: Verso, 1974. p. 164; *Minima Moralia: Reflexionen ausdem beschädigten Leben.* Frankfurt: Suhrkamp, 1969. p. 216. [Edição brasileira: *Minima Moralia.* Tradução de Gabriel Cohn. Rio de Janeiro: Beco do Azougue, 2008. p. 160-161.]

[6] Para uma extensa comparação entre Adorno e Lévinas, ver DE VRIES, Hent. *Minimal Theologies: Critiques of Secular Reason in Adorno and Levinas.* Tradução para o inglês de Geoffrey Hale. Baltimore: The Johns Hopkins University Press, 2005.

cegado", então o amor cego parece corresponder à primazia do encantamento, ao fato de que, desde o início, estamos encerrados em um modo de relacionalidade que não pode ser totalmente tematizado, sujeito à reflexão e cognitivamente conhecido. Esse modo de relacionalidade, cego por definição, torna-nos vulneráveis à traição e ao erro. Podemos até desejar que fôssemos seres totalmente perspicazes. Mas isso equivaleria a renegar a infância, a dependência, a relacionalidade, a impressionabilidade primária; seria desejar erradicar todos os traços ativos e estruturadores das nossas formações psicológicas e viver na ficção de sermos adultos totalmente instruídos e conhecedores de si. Na verdade, seríamos o tipo de seres que, por definição, não poderiam se apaixonar, seriam cegos e enceguecidos, vulneráveis à devastação, sujeitos ao encantamento. Se respondêssemos à injúria dizendo que temos o "direito" de não ser tratados de tal maneira, estaríamos tratando o amor do outro como uma legitimação, e não como dádiva. Sendo dádiva, ele carrega a qualidade insuperável da gratuidade. É, na linguagem de Adorno, uma dádiva dada em liberdade.

Mas a alternativa é contrato ou liberdade? Ou, como nenhum contrato pode nos garantir o amor, seria igualmente errado concluir que o amor é dado em um sentido radicalmente livre? Com efeito, a falta de liberdade que existe no cerne do amor não pertence ao contrato. Afinal de contas, o amor do outro será inevitavelmente cego mesmo em seu saber. O fato de estarmos obrigados no amor significa que, em parte, não sabemos por que amamos como amamos e por que exercemos invariavelmente mal nosso juízo. Com bastante frequência, o que chamamos de "amor" envolve sermos forçados por nossa própria opacidade, nossos próprios lugares de desconhecimento e, com efeito, nossa própria injúria (é por isso que, por exemplo, Melanie Klein insiste que as fantasias de reparação estruturam o amor). Na passagem supracitada, no entanto, Adorno faz um movimento em que o sujeito é obrigado a reclamar um direito para não ser rechaçado e, ao mesmo tempo, resiste a reclamar o direito. É possível interpretar esse movimento como uma contradição paralisante, mas não acho que ele quisesse dizer isso. Ao contrário, trata-se de um modelo de amplitude ética, que entende a força atrativa da reclamação e ao mesmo tempo resiste a ela, apresentando um gesto ambivalente como ação da própria ética. Buscamos preservar a nós mesmos contra o caráter injurioso do outro, mas se conseguíssemos nos isolar da injúria atrás de um muro, nós nos tornaríamos inumanos. Nesse sentido, cometemos um erro quando tomamos a "autopreservação" como essência do humano, a não ser que afirmemos igualmente que o "inumano" constitui o humano. Um dos problemas em afirmar a autopreservação como base da ética é que esta se torna a pura ética do si-mesmo, talvez até uma forma de narcisismo moral. Ao persistir na indecisão entre o desejo de reclamar um direito ante tal injúria e a resistência à reclamação, "torna-se humano".

Como vemos, "tornar-se humano" não é tarefa simples, e nem sempre é claro quando nos tornamos humanos ou se o conseguimos. Ser humano parece ser o mesmo que estar em uma situação impossível de ser resolvida. Na verdade, Adorno deixa claro que não pode definir o que é o humano. Se o humano for alguma coisa, parece ser um movimento duplo, em que afirmamos as normas morais ao mesmo tempo que questionamos nossa autoridade para fazer tal afirmação. Em sua última conferência sobre moral, escreve: "Precisamos nos agarrar às normas morais, à autocrítica, à questão do certo e do errado, e ao mesmo tempo a um senso de falibilidade [*Fehlbarkeit*] da autoridade que tem a segurança para realizar essa autocrítica" (*PMP*, p. 169). Imediatamente depois, declara que, embora pareça estar falando sobre moral, também está articulando o significado do humano:

> Reluto usar o termo "humanidade" nessa conjuntura pois é termo das expressões que reificam e falsificam questões cruciais simplesmente por tocar nelas. Quando os fundadores da União Humanista

convidaram-me para filiação, respondi que "talvez eu me sentisse propenso a entrar para seu clube caso se chamasse União Desumana, mas não poderia me juntar a um que se autoproclama 'humanista'". Se hei então de usar o termo aqui, logo um aspecto indispensável de uma humanidade que reflete sobre si mesma é não permitir que se distraia. Tem de haver um elemento de persistência permanente [*Unbeirrbarkeit*], de nos prendermos ao que pensamos ter aprendido com a experiência, e, por outro lado, precisamos de um elemento não só da autocrítica, mas da crítica daquele algo irredutível e inexorável (*an jenem Starren und Unerbittlichen*) que se estabelece em nós. Em outras palavras, é necessário, acima de tudo, essa consciência da nossa própria falibilidade (*PMP*, p. 169).

Existe algo irredutível que se estabelece em nós, que se instala dentro de nós, que constitui o que não conhecemos e nos torna falíveis. Por outro lado, podemos dizer que, na realidade, cada ser humano deve se haver com a própria falibilidade. Mas Adorno parece sugerir que alguma coisa a respeito dessa falibilidade dificulta falar sobre o humano, reivindicá-lo, e que talvez seja melhor entendê-lo como "o inumano". Quando escreve, algumas linhas depois, que "a verdadeira injustiça é sempre se encontrar no ponto preciso em que nos colocamos no lado correto e colocamos os outros no lado incorreto" (*PMP*, p. 169), ele situa a moralidade ao lado da restrição, da "não adesão", opondo-se à *Entschlossenheit* ou decisão heideggeriana com a sugestão de que a moral consiste em se abster da afirmação de si. O Odradek de Kafka representa essa refutação do primeiro Heidegger.[7] Essa "criatura"

---

[7] Ver a discussão de Adorno sobre o conto de Kafka em ADORNO, Theodor W.; BENJAMIN, Walter. *The Complete Correspondence, 1928–1940*. Organização de Henri Lonitz. Tradução para o inglês de Nicholas Walker. Cambridge: Harvard University Press, 1999. p. 68-70; *Adorno-Benjamin Briefwechsel, 1928–1940*. Edição de Henri Lonitz. Frankfurt: Suhrkamp, 1995. p. 93-96. [Edição brasileira: *Correspondência,*

ou "coisa" – que lembra um carretel de linha, mas parece ser o filho do narrador, mal se equilibra em duas de suas pontas e desce rolando as escadas em perpetuidade – é certamente uma figura para o ser desumanizado que é estranhamente animado por sua desumanização, cuja risada parece o "cochicho de folhas caídas" e cuja condição humana é radicalmente incerta. Adorno entende esse personagem de Kafka como condicionado por certo fetichismo da mercadoria, em que as pessoas se tornaram objetos, e os objetos se tornaram animados de maneiras macabras. Para Adorno, Odradek modifica efetivamente a doutrina de Heidegger, lembrando então o que Marx fez com Hegel, uma vez que Odradek torna-se a figura desse gesto que descarta a própria noção de vontade ou *Entschlossenheit* pela qual se define o humano.

Se o humano, em sua formulação existencialista inicial, é definido como definidor de si e afirmador de si, então o controle de si destitui efetivamente o humano. A afirmação de si, para Adorno, está ligada ao princípio da preservação de si que, consoante Lévinas, ele questiona como valor moral supremo. Afinal, se a afirmação de si torna-se a afirmação do si-mesmo à custa de qualquer consideração do mundo, das consequências e inclusive dos outros, ela alimenta um "narcisismo moral" cujo prazer reside em sua capacidade de transcender o mundo concreto que condiciona suas ações e é afetado por elas.

Embora Adorno diga que poderia se juntar a uma sociedade que se define como grupo para o "inumano" e aponte para a figura inumana de Odradek para formular uma concepção de sobrevivência e esperança, ele acaba não defendendo o inumano como um ideal. O inumano, ao contrário, estabelece um ponto crítico de afastamento para uma análise das condições sociais sob as quais o humano é constituído e desconstituído. Adorno mostra que, em Kafka, o inumano

---

1928-1940. Tradução de José Marcos Mariani de Macedo. São Paulo: Editora Unesp, 2012. p. 130-134.]

torna-se uma maneira de sobreviver à organização corrente da sociedade "humana", uma persistência animada daquilo que, em grande medida, foi devastado; nesse sentido, "o inumano" facilita uma crítica imanente do humano e torna-se o traço ou a ruína pela qual o humano continua a viver (*fortleben*). O "inumano" também é uma forma de mostrar como as forças sociais se instalam dentro de nós, impossibilitando a definição de nós mesmos em termos de livre-arbítrio. Por fim, o "inumano" designa como o mundo social se impõe sobre nós de maneiras que nos tornam invariavelmente desconhecedores de nós mesmos. Obviamente, temos de lidar com o "inumano" enquanto passamos pela vida moral, mas isso não significa que o "inumano" se torne, para Adorno, uma nova norma. Ao contrário, ele não celebra o "inumano" e inclusive recomenda condená-lo em definitivo. Posicionando-se contra o que ele diz ser o pseudoproblema do relativismo moral, escreve ele:

> Talvez não saibamos o que é o bem absoluto ou a norma absoluta, talvez tampouco saibamos o que é o homem ou o humano [*das Menschliche*] ou a humanidade [*die Humanität*] – mas o que é o inumano [*das Unmenschliche*] sabemos muito bem. Diria que o lugar da filosofia moral hoje está mais na condenação concreta do inumano do que nas tentativas vagas [*Unverbindlichen*] e abstratas de situar o homem em sua existência (*PMP*, p. 175).

Adorno, portanto, convoca a acusação do inumano. Deixa claro, no entanto, que o inumano é exatamente do que precisamos para nos tornarmos humanos. Afinal, se estarmos expostos à rejeição do outro nos obriga a afirmar um direito que ao mesmo tempo devemos nos abster de afirmar, colocando em questão a legitimidade dessa afirmação, então nesse último gesto, caracterizado pela restrição e pelo questionamento, nós incorporamos o "inumano" oferecendo uma crítica da vontade, da afirmação e da resolução como pré-requisitos do humano. Nesse sentido, o "inumano" não é o oposto do humano, mas um meio essencial de nos tornarmos humanos na destituição de nossa condição humana e através dela. Podemos concluir que Adorno nos ofereceu aqui uma outra visão do humano, uma visão em que a restrição da vontade é o que define o humano como tal. Poderíamos inclusive dizer que, para ele, quando o humano é definido pela vontade e recusa o modo como é invadido pelo mundo, deixa de ser humano. Com efeito, a única maneira de entender Adorno nesse aspecto é aceitando que nenhuma concepção do humano que o defina pela vontade ou, alternativamente, destitua-o de toda vontade pode ser válida. Na verdade, o "inumano" surge para Adorno *tanto* como figura da pura vontade (eviscerada da vulnerabilidade) *quanto* como figura de *nenhuma* vontade (reduzida à destituição). Se ele se opõe à desumanização, entendida como subjugação dos seres humanos privando-os da vontade, não é porque quer que sejam definidos pela vontade. A solução individualista que identificaria a vontade com a norma definidora da condição humana não só retira o individual do mundo como também destrói a base do envolvimento moral com o mundo. Fica difícil condenar aqui a invasão violenta sobre a vontade sem adotar a vontade como condição definidora do humano. Com efeito, a invasão é inevitável: não há "direito" que possamos afirmar contra essa condição fundamental. Ao mesmo tempo, decerto podemos, e devemos, criar normas para julgar diferentes formas de invasão, fazendo uma distinção entre sua dimensão inevitável e insuperável, de um lado, e suas condições socialmente contingentes e reversíveis, de outro.

Até mesmo a "condenação" feita por Adorno do inumano mostra-se equívoca, uma vez que também ele requer esse termo para sua concepção do humano. Quando pede por sua condenação, ele ocupa a posição moralmente correta de quem *sabe* precisamente o que rechaçar. No momento em que condena o "inumano", ele o associa aos tipos de desumanização a que se opõe. Mas claramente ele favorece outras formas de desumanização, principalmente quando envolvem uma crítica da vontade e o reconhecimento de uma sociabilidade constituída historicamente. Com efeito, a acusação parece ser um ato deliberado característico da ética da convicção, uma ética individualista, quiçá totalmente narcisista. Adorno, portanto, no ato de acusação, ocupa essa posição para nós, mostrando, com efeito, que tal posição será inevitavelmente ocupada de alguma maneira. Em suas reflexões sobre a moralidade, no entanto, a acusação não é o único modelo de juízo moral. Na verdade, ela também pertence à ética da convicção, e não à ética da responsabilidade, e esta última caracteriza o projeto que Adorno leva adiante em suas conferências sobre a moral.

A convicção parece pertencer a uma ética que entende o si-mesmo como fundamento e medida do juízo moral. Para Adorno, na mesma linha de Max Weber, a responsabilidade tem a ver com assumir uma ação no contexto de um mundo social onde as consequências importam.[8] A caracterização que Adorno faz do kantismo como forma de narcisismo moral parece ter origem nessa convicção, sugerindo da mesma maneira

---

[8] Sobre as duas formas de ética – da responsabilidade e da convicção –, ver WEBER, Max. Politics as a Vocation. In: *From Max Weber: Essays in Sociology*. Tradução para o inglês de H. H. Gerth e C. Wright Mills. Nova York: Oxford University Press, 1958. p. 77-128. [Edição brasileira: A política como vocação. In: *Ciência e política: duas vocações*. Tradução de Leonidas Hegenberg e Octany Silveira da Mota. 12. ed. São Paulo: Cultrix, 2004. p. 55-124.] Ele argumenta que a conduta "pode orientar-se segundo a ética da responsabilidade ou a ética da convicção" (p. 113 da edição brasileira). A ética da convicção diz que determinado fim justifica os meios necessários para atingi-lo, e muitas vezes implica o risco de se valer de meios moralmente duvidosos para tal propósito. A ética da responsabilidade está afinada com as consequências da conduta humana no mundo e assume a responsabilidade por elas. A posição da "responsabilidade", portanto, é orientada pela conduta e realista. Weber termina por argumentar que algo da "ética da convicção" é necessário para a vocação política, e que a "a ética da convicção e a ética da responsabilidade não se contrapõem, mas se completam e, em conjunção, formam o homem autêntico, isto é, um homem que pode aspirar à 'vocação política'" (p. 122 da edição brasileira). Ver também BROWN, Wendy. *Politics Out of History*. Princeton: Princeton University Press, 2001. p. 91-95.

que toda posição deontológica que recusa o consequencialismo corre o risco de retornar ao narcisismo e, nesse sentido, ratificar a organização social do individualismo. Segundo a versão do kantismo que endossa "um ideal da razão abstrata", a própria capacidade de errar, de estar enceguecido, de cegar ou cometer uma "mentira vital" é excluída da concepção de humano. Ser verdadeiro, de acordo com esse modelo de kantismo proposto por Adorno, significa seguir a injunção "ser idêntico a si mesmo. E nessa identidade, no que poderíamos chamar de redução das demandas morais a ser verdadeiro consigo e nada mais, é natural que se evaporem todos os princípios específicos sobre como deveríamos nos comportar, a tal ponto que, segundo essa ética, pode-se acabar sendo um verdadeiro homem se se é um verdadeiro patife [*Schurke*], ou seja, consciente e transparente" (*PMP*, p. 61).

Na verdade, Adorno defende esse argumento mais enfaticamente quando diz, com Ibsen, que formas de pureza moral costumam ser nutridas por um "egoísmo oculto". Kant também, argumenta ele,

tem um olhar perspicaz para o fato de que os motivos que consideramos puros, e por isso em conformidade com o imperativo categórico [*die des kategorischen Imperatives vorspiegeln*], na verdade são apenas motivos cujas fontes estão no mundo empírico. Em última instância, estão relacionados à nossa faculdade do desejo, e portanto com a gratificação do que eu chamaria de nosso narcisismo moral. Podemos dizer em geral – e isso é válido [*wahr*] sobre a crítica – que é correto sentir certo receio em relação a pessoas de quem se diz que são pura vontade [*die sogenannte reinen Willens*] e que aproveitam cada oportunidade para se referir à sua própria pureza da vontade. A realidade é que essa pura vontade é quase sempre irmã [*verschwistert*] da propensão de denunciar os outros e da necessidade de punir e perseguir os outros; em suma, de toda a natureza problemática do que será mais que familiar para os leitores devido aos diversos expurgos [*Reinigungsaktionen*] ocorridos nos estados totalitários (*PMP*, p. 163).

Adorno quer mostrar a inversão dialética que acontece entre a pureza moral e o narcisismo moral, entre uma ética da convicção e a política da perseguição; seu aparato conceitual sempre assume que a forma lógica assumida por essas relações será binária, inversa, pertencente a uma dialética negativa. Esse modo de análise funciona na medida em que aceitamos que as relações sociais são estruturadas pela contradição e que a divergência entre, de um lado, o princípio abstrato e, de outro, a ação prática constitui os tempos históricos.

Diversas proposições feitas por Adorno convergem, de maneiras interessantes e importantes, com a problemática da ética tal como surge no último Foucault. Assim como Adorno, Foucault sustenta que a ética só pode ser entendida em termos de um processo de crítica, em que a crítica se ocupa, entre outras coisas, dos regimes de inteligibilidade que ordenam a ontologia e, especificamente, a ontologia do sujeito. Quando Foucault pergunta "O que, dado o regime contemporâneo do ser, eu posso ser?", localiza a possibilidade da formação do sujeito em uma ordem instituída historicamente da ontologia, sustentada por efeitos coercitivos. Não me é possível ter uma relação pura e não mediada com minha vontade, concebida como livre ou não, além da constituição de meu si-mesmo, e de seus modos de introspecção, dentro de uma ontologia histórica determinada.

Adorno defende uma ideia um pouco diferente, mas acredito que as duas posições guardem ecos uma da outra. Afirma que não faz sentido nenhum se referir de maneira abstrata aos princípios que governam o comportamento sem se referir às consequências de qualquer ação autorizada por tais princípios. Nossa responsabilidade não é apenas pela pureza de nossas almas, mas pela forma do mundo habitado coletivamente. Isso significa que a ação tem de ser compreendida como consequencial. A ética, poderíamos dizer, dá origem à crítica, ou melhor, não procede sem ela, pois temos de saber como nossas ações são recebidas pelo mundo social já constituído e quais serão as consequências se agirmos de determinadas maneiras. A deliberação acontece em relação a um conjunto concreto de circunstâncias históricas, mas, de maneira mais importante, em relação a uma compreensão de modos padronizados em que a ação é regulada dentro do horizonte social contemporâneo.

Assim como Foucault, que se posiciona contra formas de ética que entregam o sujeito a uma preocupação infinita e autorrecriminadora com a psique, considerada como interna e única, Adorno se opõe à devolução da ética a formas de narcisismo moral. Os dois tentam, de diferentes maneiras, desalojar o sujeito como fundamento da ética para reformulá-lo como problema *para* a ética. Em ambos os casos, não se trata da morte do sujeito, mas de uma investigação sobre como ele é instituído e mantido, sobre como se institui e se mantém e sobre como as normas que governam os princípios éticos devem ser compreendidas não só como guias de conduta, mas também como fórmula para resolver a questão de quem e o que é o sujeito humano.

Quando Adorno nos diz que a possibilidade de nos tornarmos humanos só existe quando nos tornamos inumanos, ele enfatiza a desorientação no cerne da deliberação moral, o fato de que o "eu" que busca mapear seu curso não fez o mapa que lê, não tem a linguagem necessária para lê-lo e algumas vezes não consegue sequer encontrá-lo. O "eu" só surge como sujeito deliberante depois que o mundo aparece como um quadro equivalente, uma exterioridade a ser conhecida e negociada a uma distância epistemológica. Isso significa que a possibilidade dessa divergência existe em função de algo histórico, bem como, igualmente, a possibilidade da própria deliberação moral. Também significa que nossas deliberações só farão sentido se compreendermos, antes de tudo, as condições que as possibilitam.

Enquanto para Adorno existe sempre uma bifurcação, uma divisão que produz essa possibilidade de um encontro epistemológico e ético com a alteridade, para Foucault, um regime ontológico dado estabelece o limite no qual continuamos restritos pelo pensamento binário. Para Adorno, Kant representa a cultura da razão abstrata, que se bifurca das consequências de suas ações; para Foucault, Kant anuncia a possibilidade de crítica ao se perguntar o que condiciona aquilo que conheço e como posso agir. Para o primeiro, Kant oferece uma concepção restrita do humano que exclui de sua própria definição seu erro e sua consequencialidade. Para o segundo, a abstração de Kant é bem diferente do "cuidado de si", mas na medida em que Kant insiste em que nosso conhecimento tem limites, ele parece reconhecer que certa cegueira e certo erro afetam desde o início o projeto do conhecimento. Embora Adorno acuse Kant de não reconhecer o erro como constitutivo do humano e Foucault o enalteça por apreender exatamente isso, os dois concordam sobre a necessidade de se conceber o humano em sua falibilidade. Para agirmos eticamente, tanto para um como para outro, devemos admitir o erro como constitutivo de quem somos. Isso não significa que somos apenas o erro, ou que tudo que dizemos é um equívoco ou está incorreto. Mas significa que nosso fazer é condicionado por um limite constitutivo do qual não podemos dar um relato completo, e essa condição é, paradoxalmente, a base de nossa responsabilização.

Relato crítico de Foucault sobre si

> *Não me pergunte quem sou e não me peça para continuar o mesmo. Mais de um, sem dúvida como eu, escreve para não ter rosto.*
>
> Michel Foucault, *A arqueologia do saber*

Em "How Much Does It Cost for Reason to Tell the Truth",[9] pede-se a Foucault para que faça um relato de si

---

[9] FOUCAULT, Michel. How Much Does It Cost for Reason to Tell the Truth?. In: *Foucault Live*. Organização de Sylvère Lotringer. Tradução

mesmo. Sua resposta não é fácil. Ele começa e volta a começar, apontando para diferentes influências, mas não dá nenhuma explicação causal sobre por que pensa e age como o faz. No início da entrevista, ele tenta entender as implicações políticas de sua própria teoria. Diz claramente que a política não tem origem direta na teoria. Observa, por exemplo, que existiu uma aliança entre o formalismo linguístico e a política antiautoritária, mas não diz que uma coisa leva à outra. O relato que dá não identifica causas ou elabora consequências. É importante entender que se trata de uma conversa, e ele está reagindo às suposições do interlocutor, articulando sua posição no contexto dessa reação. Em certo sentido, o relato que faz de si mesmo é dado a uma pessoa específica com perguntas específicas e não pode ser entendido fora da cena interlocutória em que acontece. Foucault diz a verdade sobre si mesmo ou responde às demandas que seu interlocutor impõe sobre ele? Como devemos entender sua prática do dizer verdadeiro à luz de sua respectiva teoria desenvolvida por ele em seus últimos anos?

---

para o inglês de John Honston. Nova York: Semiotext[e], 1989. A entrevista foi publicada pela primeira vez em inglês como "Structuralism, Poststructuralism" em *Telos*, v. 16, n. 55, p. 195-211, 1983, e parece ter sido publicada simultaneamente em alemão como "Um Welchen Preis sagt die Vernunft die Wahrheit" com Gerard Raulet, tradução de Khosrow Nosration, em *Spuren* 1 e 2 (maio e junho de 1983). A entrevista original, realizada em francês, pode ser encontrada como "Structuralisme et poststructuralisme", em FOUCAULT, Michel. *Dits et écrits, 1954-1988*. Paris: Gallimard, 1994. v. 4: 1980-1988. p. 431-457. As citações no texto são tanto de *Foucault Live* quanto do *Ditos e escritos II*. Refiro-me no texto ao artigo em inglês pela sigla *HM* e à entrevista original em francês pela sigla SP. [Para a edição brasileira, usamos como referência "Estruturalismo e pós-estruturalismo", em *Ditos e escritos*. Tradução de Elisa Monteiro. Rio de Janeiro: Forense Universitária, 2008. v. 2. p. 307-324. Esse texto foi traduzido da entrevista original em francês e indicado aqui como *EP*. As inserções de termos franceses entre colchetes são da autora.]

Em seus últimos anos de vida, Foucault retornou à questão da confissão,[10] modificando sua crítica anterior feita no primeiro volume de *História da sexualidade*, em que censura a confissão como uma extração forçosa da verdade sexual, uma prática a serviço de um poder regulador que produz o sujeito como alguém obrigado a dizer a verdade sobre seu desejo. Ao considerar a prática da confissão no início da década de 1980, ele reescreveu sua posição anterior e constatou que a confissão incita uma "manifestação" do eu que não tem de corresponder a alguma suposta verdade interna e cuja aparência constitutiva *não* deve ser interpretada como mera ilusão. Ao contrário, em suas conferências sobre Tertuliano e Cassiano, Foucault entende a confissão como um ato de fala em que o sujeito "torna-se público", entrega-se em palavras, envolve-se num ato estendido de autoverbalização – *exomologesis* – como forma de fazer o si-mesmo aparecer para o outro. Nesse contexto, a confissão pressupõe que o si-mesmo tem de aparecer para se constituir e que só pode se constituir dentro de uma dada cena de interpelação, dentro de uma relação constituída socialmente. A confissão torna-se a cena verbal e corporal da demonstração de si mesmo. Ela se fala, mas na fala torna-se o que é. Nesse contexto, então, o exame de si é a prática de se exteriorizar

---

[10]FOUCAULT, Michel. About the Beginning of the Hermeneutics of the Self. Tradução para o inglês de Thomas Keenan e Mark Blasius. In: *Political Theory*, v. 21, n. 2, p. 198-227, maio 1993, republicado em FOUCAULT, Michel. *Religion and Culture*. Organização de Jeremy Carrette. Nova York: Routledge, 1999. p. 158-181. As citações, indicadas no texto como *H*, referem-se a esta segunda edição.
[As duas conferências que deram origem a esse texto foram proferidas em Dartmouth College, Hanover, New Hampshire, Estados Unidos, em 17 e 24 de novembro de 1980. Trata-se de versões um pouco ampliadas das conferências apresentadas como Howison Lectures em Berkeley, Califórnia, Estados Unidos, em 20 e 21 de outubro. Estas foram publicadas em português como "Verdade e subjectividade" na *Revista de Comunicação e linguagem*, n. 19. Tradução de António Fernando Cascais. Lisboa: Edições Cosmos, 1993. p. 203-223].

ou se tornar público, e, por essa razão, é distanciado das teorias, incluindo aquela do primeiro Foucault, que comparava a confissão à violência do exame de si e à imposição forçosa de um discurso regulador. Além disso, a confissão não devolve ao si-mesmo o equilíbrio perdido; ela reconstitui a alma tendo como base o próprio ato de confissão. O pecador não tem de fazer um relato que corresponda aos eventos, mas apenas manifestar-se como pecador. Assim, exige-se do sujeito que confessa certa produção performativa de si mesmo dentro de convenções públicas estabelecidas, e essa produção constitui o objetivo da própria confissão.

Da mesma maneira que Foucault afirma que "a genealogia do si-mesmo moderno [...] é um dos caminhos possíveis para nos livrarmos de uma filosofia tradicional do sujeito" (H, p. 169), ele também recorre à confissão para mostrar como, na e através da manifestação de si realizada por essa confissão, o sujeito deve renunciar a si mesmo. Nesse sentido, a manifestação do si-mesmo dissolve sua interioridade e a reconstitui em sua exterioridade. Tal inversão dialética é digna de Adorno e sem dúvida ecoa Hegel. Foucault escreve sobre uma confissão específica em que um indivíduo confessa um roubo, observando que "o elemento decisivo não é, obviamente, o fato de o mestre saber a verdade. Não é sequer o fato de o jovem monge revelar seu ato e restituir o objeto do roubo. É a confissão, é o ato verbal da confissão que vem por último e torna aparente, em certo sentido e por seus próprios mecanismos, a verdade, a realidade do que aconteceu. O ato verbal da confissão é a prova, a manifestação da verdade" (H, p. 178). De certo modo, o roubo não é declarado roubo e só é socialmente constituído como fato quando se torna manifesto pelo ato da confissão. Depois, na mesma conferência, Foucault explica que a pessoa que confessa deve substituir o si-mesmo interior pela manifestação. Nesse sentido, a manifestação não "expressa" um si-mesmo, mas toma seu lugar, e tal substituição é realizada pela inversão do si-mesmo particular em aparência externa. Foucault conclui que temos de entender a própria manifestação como um ato de sacrifício, que constitui uma mudança na vida de acordo com a seguinte fórmula: "Tu te tornas sujeito de uma manifestação de verdade quando e somente quando desapareces ou te destróis como corpo real e existência real" (*H*, p. 179).

No contexto desse modelo de confissão, o exame de si não consiste numa crítica de si, ou, com efeito, na interiorização de normas reguladoras, mas se torna uma maneira de se entregar a um modo público de aparição. Mesmo nesse caso, no entanto, não se revela um si-mesmo pré-constituído; em vez disso, a própria prática da constituição de si é realizada. Na verdade, um modo de reflexividade é estilizado e mantido como prática social e ética. Desse modo, Foucault leva a consideração da ética para além do problema da má consciência, sugerindo que nem a explicação freudiana, tampouco a nietzschiana, sobre a formação da consciência bastam para uma concepção de ética. Além disso, ele insiste em que a relação com o si-mesmo é uma relação social e pública, sustentada inevitavelmente no contexto de normas que regulam as relações reflexivas: como poderíamos e deveríamos aparecer? Que relação conosco deveríamos manifestar?

As consequências para se repensar o sujeito na contemporaneidade não estão longe. Se pergunto "Quem eu poderia ser *para mim mesma*?", devo também perguntar "Que lugar existe para um 'eu' no regime discursivo em que vivo?" e "Que modos de considerar o si-mesmo foram estabelecidos com os quais eu possa me envolver?". Não sou obrigada a adotar formas estabelecidas de formação do sujeito, tampouco a seguir convenções estabelecidas para me relacionar comigo mesma, mas estou presa à sociabilidade de qualquer uma dessas relações possíveis. Posso pôr em risco a inteligibilidade e desafiar as convenções, mas nesse caso estarei agindo dentro de um horizonte histórico-social ou sobre ele, tentando rompê-lo ou transformá-lo. Mas só me torno esse si-mesmo por meio de um movimento ex-tático, que me retira de mim mesma e me coloca uma esfera em que sou desapossada de mim mesma e constituída como sujeito ao mesmo tempo.

Em "How Much Does It Cost for Reason to Tell the Truth?", Foucault pergunta sobre as maneiras especificamente modernas de colocar o sujeito em questão e refere-se ao próprio processo de como chegou à questão do sujeito. Percebe que nenhuma teoria existente dá conta de colocar a questão da maneira como ele mesmo pretende. Não que nenhuma teoria tenha uma resposta, embora sem dúvida não tenha. Em vez disso, acontece que nenhuma teoria existente pode fornecer os termos necessários para formular a questão que ele quer colocar.

Eis a pergunta de Foucault: "Será que um sujeito do tipo fenomenológico, trans-histórico é capaz de dar conta da historicidade da razão?" (*HM*, p. 238; *EP*, p. 312). Nessa pergunta está implícita a noção de que algo chamado "sujeito trans-histórico" pode ser explicado. Isso já é recusar a tese da fenomenologia, a saber, que o sujeito trans-histórico *explica* toda experiência e todo conhecimento, ele é o fundamento do saber. Ao perguntar o que explica esse "fundamento", Foucault argumenta implicitamente que não se trata de fundamento nenhum, mas que surge como tal só depois que determinado processo histórico acontece.

Mas ele também faz outra afirmação que considera o historicismo de uma nova maneira. Foucault pergunta se pode existir uma historicidade da razão que explique o surgimento de um sujeito trans-histórico. Nesse sentido, ele está tanto sugerindo que existe algo chamado historicidade da razão quanto rejeitando a ideia da razão fora da história, sem formas históricas particulares. Pode haver na fenomenologia uma historicidade da razão no sentido foucaultiano? (Não podemos nos esquecer de que Husserl segue nessa direção em *A crise das ciências europeias*, texto que Foucault não leva em consideração aqui.)

Quando Foucault diz que há uma história do sujeito e uma história da razão, ele também argumenta que a história da razão não pode ser derivada do sujeito. No entanto, sustenta que certas formações do sujeito podem ser explicadas por intermédio da história da razão. O fato de que o sujeito *tem* uma história desqualifica-o de ser o ato fundador que dá existência à história da razão. Mas a história que o sujeito tem é aquela em que a razão assume determinadas formas, em que a racionalidade foi estabelecida e instituída com certas condições e certos limites. Então quando Foucault afirma, por exemplo, que um sujeito pode reconhecer a si mesmo e aos outros apenas em um regime específico de verdade,[11] ele está indicando uma dessas formas de racionalidade. Percebemos que o sujeito, de certo modo, só pode *ser* dentro de certas formas de racionalidade. Quando ele pergunta como um sujeito trans-histórico passa a existir, está refutando implicitamente a possibilidade de um sujeito trans-histórico, pois a pergunta o expõe como uma construção histórica e variável. Mas ele também enaltece a ideia, pois um conceito como esse chega a existir e se afirmar em relação a nós justamente porque chega a fazer sentido dentro de um modo de racionalidade estabelecido historicamente, modo associado por Foucault à fenomenologia.

O entrevistador quer saber se a procura por Nietzsche foi um sinal da insatisfação de Foucault com a fenomenologia – se, em particular, Nietzsche "representou uma experiência determinante para abolir o ato fundador do sujeito [*pour couper court à l'acte fondateur du sujet*]" (*HM*, p. 239; *EP*, p. 313). E se, nessa época, houve um desejo de articular uma teoria do sujeito que lhe daria poderes majestosos e avassaladores para fundar sua própria experiência, mas que entenderia que o

---

[11] Foucault se refere a uma "forma de poder [que] impõe [no sujeito] uma lei da verdade que ele deve reconhecer e que os outros têm de reconhecer nele", em "The Subject and Power", em *Michel Foucault: Beyond Structuralism and Hermeneutics*. Organização de Hubert Dreyfus e Paul Rabinow. Evanston, Ill.: Northwestern University Press, 1982. p. 212 [Edição brasileira: *Michel Foucault: uma trajetória filosófica*. Tradução de Vera Porto Carrero. 2. ed. Rio de Janeiro: Forense Universitária, 2010].

sujeito sempre surge com limitações, sempre tem uma parte de si criada por algo que não é ele mesmo – seja a história, o inconsciente, uma série de estruturas, a história da razão – que desmente suas pretensões de ser fundador de si.

Vale notar que quando Foucault tenta explicar por que leu Nietzsche e diz que não sabe, ele está nos mostrando, por sua própria confissão de ignorância, que o sujeito não pode fornecer plenamente os fundamentos de seu próprio surgimento. O relato que faz de si mesmo revela que ele não conhece todos os motivos que agiram sobre ele e nele naquela época. Ao tentar responder por que leu Nietzsche, ele diz que outros pensadores o leram – Bataille e Blanchot –, mas não diz por que isso representa um motivo, ou seja, que o motivo de ler Nietzsche foi a necessidade de se atualizar ou a influência que sofreu. Lê um por causa dos outros, mas não sabemos que tipo de explicação é essa. O que ele leu em um que o motivou a procurar o outro?

Foucault está dando um relato de si e explicando como ele e outros se afastaram da fenomenologia dedicada a "uma espécie de ato fundador [*une sorte d'acte fondateur*]" (*SP*, p. 441; *EP*, p. 317), um sujeito que confere sentido por seus atos de consciência. Desse modo, ele está fazendo um relato de si como alguém que, de maneira bem clara, não é um sujeito fundador, mas um sujeito com história, incapacitado de constituir o ato fundador pelo qual surge a história da razão. Ao fazer um relato de si, ele nos mostra os limites da concepção fenomenológica do sujeito.

Aqui, tanto como em outros textos, a questão colocada por Foucault expõe os limites das nossas formas convencionais de explicar o sujeito. Ele sustenta, por exemplo, que no século XIX a pergunta "O que é o Esclarecimento?" surge depois que a história da razão estabelece os fundamentos para sua autonomia. Isso, por sua vez, dá origem a uma diferente questão: o que significa a história da razão e qual o valor que é preciso dar ao predomínio da razão no mundo moderno" (*SP*, p. 438; *EP*, p. 314).

Então, a mera questão "O que é o Esclarecimento?" introduz "uma questão inquietante" no campo da razão, mesmo que seu objetivo fosse nos devolver à centralidade da razão e sua função crítica, à autonomia e sua condição fundacional. Uma forma primeira e inadequada dessa questão inquietante acontece quando os acadêmicos perguntaram "O que é a história da ciência?". Que a ciência admitisse ter uma história era uma ideia escandalosa para quem defendia que a ciência, em sua racionalidade, tinha uma verdade trans-histórica. Na Alemanha, a história da razão – noção talvez introduzida em sua forma moderna pela pergunta sobre a história da ciência – voltou-se para a história das formas de racionalidade. Nessa conjuntura, Foucault afirma sua aliança com a Escola de Frankfurt, arrependendo-se um pouco do atraso do encontro: "Se eu tivesse conhecido a Escola de Frankfurt nessa época, muito trabalho me teria sido poupado, muitas bobagens eu não teria dito e muitos desafios eu não teria feito na minha tentativa de seguir calmamente no meu caminho, pois as vias já tinham sido abertas pela Escola de Frankfurt" (*SP*, p. 439; *EP*, p. 315).

Entretanto, ele se opõe ao que define como uma forma de chantagem que busca igualar toda a crítica da razão à negação da própria razão, ou ameaça castigar a crítica como uma forma de irracionalismo. Todo regime de verdade recorreu a essa chantagem, ou seja, a chantagem não pertence a um regime particular e, com efeito, pode funcionar em qualquer um deles. Isso quer dizer que a própria operação da chantagem contraria a tese para a qual foi concebida. A tese é que existe um único regime, mas a repetição da tese em relação a diferentes regimes estabelece a pluralidade destes e revela que a chantagem busca forçar o reconhecimento de um único regime de verdade, que, em sua repetição, demonstra não ser o único em absoluto.

Portanto, Foucault diz que existe uma "chantagem que muito frequentemente se exerceu em relação a qualquer crítica da razão, ou a qualquer interrogação crítica sobre a história da racionalidade (ou você aceita a razão, ou cai no irracionalismo)" (*HM*, p. 242; *EP*, p. 316). Ele também se recusa a aceitar a ideia de que a razão seja simplesmente dividida, embora sua divisão tenha, mesmo para Adorno, servido de base para a crítica (*HM*, p. 243; *EP*, p. 317). O entrevistador tenta descrever essa possibilidade de reflexividade como condicionada por uma distinção entre a razão técnica e a razão prática (ou moral).

De certo modo, pode-se ver a diferença que separa Foucault de Adorno e Habermas quando ele recusa a noção de única bifurcação da razão, rejeitando a ideia de que existe simplesmente uma única razão com duas faces, por assim dizer. Essa concepção de razão bifurcada surge como parte da história da razão, própria de um modo específico de racionalidade. Nessa visão, há uma diferença entre explicar como a razão se tornou técnica e como os homens, a vida e o si-mesmo se tornaram objetos de certa quantidade de *technai*. A resposta para a primeira não pode fornecer uma resposta para a segunda. Nesse sentido, há uma distinção entre história da razão (modos de racionalidade) e história da subjetivação, pois qualquer conceito adequado de racionalidade tem de explicar os tipos de sujeito que promove e produz.

Dizer que a razão passa por uma bifurcação é assumir que ela já foi intacta e completa antes de dividir a si mesma e que existe um ato fundador ou determinado "momento" histórico que mobiliza a razão e sua bifurcação. Mas por que faríamos essa suposição? Precisamos recorrer a uma forma original da razão, ou melhor, ideal, para começar a explicar a história da razão? Se nosso interesse é analisar formas de racionalidade, então talvez sejamos obrigados apenas a tomar a ocorrência histórica da racionalidade em sua especificidade, "sem que, no entanto, se possa assinalar um momento em que se teria passado da racionalidade à irracionalidade" (*HM*, p. 243; *EP*, p. 318).

Não existe uma racionalidade que seja forma exemplar da própria razão. Como resultado, não podemos falar de uma época dourada em que havia a razão e depois uma série de eventos ou mudanças históricas que nos lançaram na irracionalidade. Foucault observa que esse é um segundo modelo do qual tentou se libertar, mas que parece intimamente ligado ao primeiro. "Não vejo por que motivo se poderia dizer que as formas de racionalidade [...] estão ameaçadas de sucumbir e desaparecer. Não vejo desaparecimentos desse tipo. Observo múltiplas transformações, mas não vejo por que chamar essa transformação de uma derrocada [*effondrement*] da razão" (*HM*, p. 251; *EP*, p. 324).

Foucault concentra-se não apenas nas formas de racionalidade, mas também em como o sujeito humano aplica essas formas a si mesmo, suscitando com isso as questões relativas a certa reflexividade do sujeito, a forma particular assumida pela reflexividade e como ela é ativada pela operação de um modo historicamente específico de racionalidade.

O jeito como ele coloca a questão é marcante: "Como ocorre que o sujeito humano se torne ele próprio um objeto de saber possível, através de que formas de racionalidade, de que condições históricas e, finalmente, *a que preço?*" (*SP*, p. 442; *EP*, p. 318, grifo meu). Esse modo de colocar a questão representa sua metodologia: haverá uma ação reflexiva de um sujeito e essa ação será ocasionada pela mesma racionalidade à qual ela tenta corresponder, ou, pelo menos, com a qual negocia. Essa forma de racionalidade forcluirá outras, de modo que o sujeito só será conhecível para si mesmo nos termos de uma dada racionalidade, historicamente condicionada, deixando aberta e sem análise a questão de que outros caminhos poderiam ter existido ou poderão ainda existir no decorrer da história.

Vemos aqui dois desenvolvimentos separados na obra de Foucault. Primeiro, essa noção do sujeito, mais especificamente o surgimento do sujeito reflexivo, é distintamente diferente das ideias apresentadas no primeiro volume de *História da sexualidade*. Segundo, Foucault altera a teoria da construção discursiva. O sujeito não é uma função ou um efeito simples de uma forma prévia de racionalidade, mas tampouco a reflexividade assume uma estrutura única. Ademais, quando o sujeito torna-se objeto para si mesmo, ele também perde algo de si mesmo; essa oclusão constitui o processo da reflexividade.

Por um breve momento, Foucault compartilha uma tese com a psicanálise. Algo é sacrificado, perdido, ou pelo menos despendido ou cedido no momento em que o sujeito se transforma em objeto de possível conhecimento. Ele não pode "conhecer" por meios cognitivos o que se perdeu, mas pode perguntar o que se perdeu exercitando a função *crítica* do pensamento. Desse modo, Foucault põe sua questão: "A que preço o sujeito pode dizer a verdade sobre si mesmo?". Em certo sentido, essa questão é um salto em relação aos questionamentos anteriores; vejamos, então, como ele se dá. O sujeito humano aplica formas de racionalidade a si mesmo, mas essa autoaplicação tem um preço. Qual a natureza dessa autoaplicação para que exija algo do sujeito? O que há para se exigir? O que há para se despender? Aqui ele não dirá que existe uma derrocada da razão, mas também está se distanciando de uma forma presunçosa de construtivismo. Está deixando claro que não somos apenas efeitos de discursos, mas que qualquer discurso, qualquer regime de inteligibilidade, constitui-nos *a um preço*. Nossa capacidade de refletir sobre nós mesmos, de dizer a verdade sobre nós mesmos, é igualmente limitada por aquilo que o discurso, o regime, não pode conceder ao âmbito do pronunciável.

Como resultado, quando Foucault começa a falar de maneira clara e objetiva sobre si mesmo, o que sempre pensou e quem ele finalmente é, temos todas as razões para ser cautelosos. Vejamos uma de suas declarações grandiosas: "Meu problema é a relação do si consigo e do dizer verdadeiro" (*HM*, p. 248; *EP*, p. 321). Por mais que anteriormente o tenhamos ouvido falar bastante de questões relacionadas a poder, sexualidade, corpo e desejo, agora ele nos diz, como se revisasse a si mesmo de uma maneira que abarca retroativamente todo seu passado: "Meu problema nunca deixou de ser a verdade, o dizer verdadeiro [*le dire vrai*], *wahr-sagen* – o que é dizer verdadeiro – e a relação [*le rapport*] entre o dizer verdadeiro e as formas de reflexividade, reflexividade de si sobre si [*le soi sur soi*]" (*SP*, p. 445; *EP*, p. 322). Isso parece significar que as formas de racionalidade pelas quais nos tornamos inteligíveis, pelas quais nos conhecemos e nos oferecemos aos outros, estabelecem-se historicamente e a um preço. Se se tornam naturalizadas, se são dadas como certas, consideradas como fundacionais e necessárias, se se tornam os termos que devem guiar o que fazemos e como vivemos, então nossa própria vida depende de uma negação de sua historicidade, uma renegação do preço que pagamos.

Em Foucault, parece, há um preço por se dizer a verdade sobre si mesmo, precisamente porque o que constitui a verdade será enquadrado por normas e modos específicos de racionalidade que surgem historicamente e são, em certo sentido, contingentes. Na medida em que dizemos a verdade, obedecemos a um critério de verdade e aceitamos esse critério como obrigatório. Aceitá-lo como obrigatório é assumir que a forma de racionalidade na qual se vive é primária ou inquestionável; portanto, dizer a verdade sobre si tem um preço, e o preço desse dizer é a suspensão de uma relação crítica com o regime de verdade em que se vive. Isso significa que quando Foucault nos diz a verdade sobre si mesmo – a saber, que o dizer verdadeiro sempre foi sua preocupação, que ele sempre se importou com a reflexividade do si-mesmo –, temos de nos perguntar se, desta vez, ele colocou em suspenso uma capacidade crítica para obedecer a uma exigência do sujeito relacionada ao dizer verdadeiro. Quando afirma que sempre deu maior importância ao problema do dizer verdadeiro, ele pode ou não estar dizendo a verdade. Afinal, está reconhecendo que dizer a verdade é um tipo de problema, e que o problema é central para seu pensamento. Não podemos resolver a questão sobre se ele está ou não dizendo a verdade sem negar o problema que ele nos faria ver.

Esse tipo de declaração torna-se ainda mais inquietante quando Foucault diz que esse interesse pela verdade e pela reflexividade é ainda mais importante que suas considerações sobre o poder. Por um lado, ele estabelece uma continuidade histórica para si mesmo. Por outro, diz-nos de maneira bem clara que a descrição da atualidade "deve sempre ser feita de acordo com essa espécie de fratura virtual" (*HM*, p. 252; *EP*, p. 325). Segundo ele, essa fratura abre o espaço de liberdade, inaugura uma transformação possível, interroga os limites condicionantes de uma época e coloca o si-mesmo em risco nesse limite. "Fratura" parece ser uma figura do ato de crítica que põe em questão a fixidez de um dado modo de racionalidade, mas aqui Foucault começa a narrar a si mesmo de uma maneira que o apresenta como se fosse idêntico a si mesmo no decorrer do tempo.

Quando considera as formas de racionalidade que fornecem os meios pelos quais ocorre a subjetivação, ele diz: "essas formas de racionalidade, que são as que atuam nos processos de dominação, mereceriam ser analisadas em si mesmas, sabendo-se que essas formas de racionalidade não são alheias a outras formas de poder colocadas em ação, por exemplo, no conhecimento [*connaissance*] ou na técnica [*la technique*]" (*SP*, p. 449; *EP*, p. 326). Portanto, essas formas de racionalidade não são alheias umas às outras, mas não sabemos exatamente que relação mantêm entre si. Antes, ele afirma que a racionalidade produz a subjetivação ao regular como o reconhecimento acontece. Aqui ele se refere a *connaissance* e não a *reconnaissance*, por isso não fica claro se nos é lícito entender o primeiro nos termos do segundo. Talvez essa questão possa ser esclarecida por uma passagem de "The Subject and Power", em que ele se refere à "forma de poder [...] que categoriza, marca [um sujeito] por sua própria individualidade, vincula-o a sua própria identidade, impõe sobre ele uma lei de verdade que ele precisa reconhecer e que os outros têm de reconhecer nele. É uma forma de poder que faz dos indivíduos sujeitos".[12] No primeiro capítulo de *O uso dos prazeres*, ele associa a efetividade das práticas discursivas a normas subjetivadoras por meio da categoria do *reconhecimento*. Lá ele se propõe a "analisar as práticas pelas quais os indivíduos foram levados a prestar atenção a eles próprios, a se decifrar, a se reconhecer e se confessar como sujeitos de desejo, estabelecendo de si para consigo uma certa relação que lhes permite descobrir, no desejo, a verdade de seu ser, seja ele natural ou decaído" (*UP*, p. 11-12).

Em cada uma dessas instâncias, as formas de racionalidade estão ligadas a práticas discursivas ou às formas de subjetivação que Foucault considera alhures. Se as formas de racionalidade pelas quais ele se interessa em 1983 não são alheias a outras formas de poder, como o reconhecimento, então Foucault entende que o reconhecimento é uma forma de poder, mesmo que sustente ser distinta das formas de racionalidade – entendidas como parte da história da razão – descritas por ele aqui. Enquanto tenta entender como essas várias formas de poder se inter-relacionam, ele reprova a concepção de uma única teoria do poder que identificaria o denominador comum de todas as formas de poder de qualquer maneira que fosse satisfatória. Foucault explica sua própria prática teórica quando afirma, por exemplo, em mero modo declarativo: "não faço de forma alguma a teoria do poder [*Je ne fait pas une théorie du pouvoir*]", ou "não sou de forma alguma um teórico do poder. Eu diria que o poder, em última instância, não me interessa como questão autônoma [*Je ne suis pas donc aucunement un théoricien du pouvoir. À la limite, je dirais que le pouvoir ne m'interesse pas comme une question autonome*]" (*HM*, p. 254; *EP*, p. 327). Até certo ponto ele está certo, se por "teoria" do poder estiver se referindo a uma explicação analítica plena do poder separado de suas operações concretas, como se fosse autônomo. Ele já tinha nos dito isso durante algum tempo; em "The Subject and Power", por exemplo,

---

[12] FOUCAULT. The Subject and Power, p. 212.

escreve: "Diria que começar a análise com um 'como' é sugerir que o poder como tal não existe".[13] Em várias ocasiões, ele nos aconselha a sermos "nominalistas" em relação ao poder. Não podemos fazer a pergunta teórica padrão "O que é o poder?". Podemos apenas perguntar "Como funciona o poder, ou que forma assume o poder neste ou naquele exercício, e o que faz o poder?".

Aqui, o que permite a Foucault dizer a verdade sobre si mesmo, mas também restringe sua fala ao dizê-la? Sobre a insanidade, Foucault escreve: "É através de um certo modo de dominação exercido por alguns sobre outros que o sujeito pode tentar dizer a verdade sobre sua loucura apresentada sob as espécies do outro" (*HM*, p. 254; *EP*, p. 327). Que preço é pago aqui, quando o relato que ele é capaz de fazer de si mesmo está em dívida com a denominação dada pelos outros e seu discurso? A verdade que diz de si mesmo pode dizer a verdade sobre a dominação? Ou será que a esfera ética, quando considerada separadamente da operação do poder, está sempre envolvida na negação do poder e, nesse sentido, em uma forma de encobrimento? Uma das maneiras de interpretar a insistência de Foucault de que agora está interessado, como sempre esteve, no dizer verdadeiro é ver que só é possível suscitar a questão do poder por causa da exigência de se dizer a verdade sobre si mesmo. Quem pede isso de mim? O que espera? Minha resposta será satisfatória em que linguagem? Quais as consequências de dizer e não dizer a verdade sobre mim para esse interlocutor?

Se a questão do poder e a necessidade de dizer a verdade sobre si estão interligadas, então a necessidade de fazer um relato de si requer que se recorra ao poder, de modo que poderíamos dizer que a exigência ética dá origem ao relato político, e que a ética destrói sua própria credibilidade quando não se torna uma crítica. Por isso Foucault incorpora o dizer verdadeiro na explicação de como funciona o poder:

---

[13] FOUCAULT. The Subject and Power, p. 217.

"Se 'digo a verdade' sobre mim mesmo como eu o faço, é porque, em parte, me constituo como sujeito através de um certo número de relações de poder que são exercidas sobre mim e que exerço sobre os outros" (*HM*, p. 254; *EP*, p. 327). Aqui ele coloca "digo a verdade" entre aspas, pondo em questão se dizer a verdade é uma iniciativa tão verdadeira quanto parece. Se as relações de poder pesam sobre mim enquanto digo a verdade, e se, ao dizê-la, exerço o peso do poder sobre os outros, então não estou apenas comunicando a verdade quando digo a verdade. Também estou exercendo o poder no discurso, usando-o, distribuindo-o, tornando-me o lugar de sua transmissão e replicação. Estou falando, e minha fala transmite o que tomo como verdadeiro. Mas minha fala também é um tipo de fazer, uma ação que acontece no campo de poder e que também constitui um ato de poder.

Nas conferências ministradas por Foucault em Berkeley, em 1983, ele examinou a prática do dizer verdadeiro sobre si em relação ao clássico conceito grego da *parresía*, falar com franqueza ou dizer a verdade em público.[14] Essas conferências, publicadas em inglês e alemão,[15] reveem a prática de dar

---

[14] *Parresía* é uma palavra grega para se referir à franqueza e à sinceridade na fala, ligada a uma "licença". Segundo Richard Lanham, em *A Handbook of Rhetorical Terms* (Berkeley: University of California Press, 1991), p. 110, o termo tem dois significados. O primeiro é um "franco falar", e o segundo, "pedido de perdão antecipado por uma sinceridade necessária". Ver FOUCAULT, Michel. *L'Herméneutique du sujet: Cours au Collège de France (1981-1982)*. Paris: Gallimard, 2001. p. 355-378. [Edição brasileira: *A hermenêutica do sujeito*. Tradução de Márcio Alves da Fonseca e Salma Tannus Muchail. São Paulo: Martins Fontes, 2006. p. 449-477.] Futuras citações a esse texto são indicadas como *HDS*.

[15] FOUCAULT, Michel. *Fearless Speech*. Organização de Joseph Pearson. Nova York: Semiotext[e], 2001. Esse texto não foi escrito por Foucault, mas consiste em conferências derivadas da transcrição das anotações de um ouvinte feitas durante um seminário chamado "Discourse and Truth", ministrado em Berkeley, em 1983. As citações desse texto são indicadas como *FS*. *A hermenêutica do sujeito* (ver nota anterior) contém material preliminar semelhante, principalmente sobre Sêneca, ascetismo

um relato de si nos diálogos de Platão e no ensaio *De Ira*, de Sêneca. De certo modo, essas conferências são uma versão final dos temas que consideramos aqui. A reflexividade do si-mesmo é incitada por um outro, de modo que o discurso de uma pessoa leva a outra à reflexão de si. O si-mesmo não começa simplesmente a se examinar pelas formas de racionalidade à mão. Essas formas de racionalidade são transmitidas pelo discurso, na forma de interpelação, e chegam como uma instigação, uma forma de sedução, uma imposição ou exigência de fora à qual o sujeito se entrega.

Meus alunos sempre se opuseram à passividade do interlocutor socrático nos diálogos de Platão. Foucault nos mostra um caminho para revisitar a questão dessa passividade, pois a persuasão não é possível sem a entrega às palavras do outro. Com efeito, não há como perdoar o outro ou ser perdoado sem a possibilidade de se entregar às palavras do outro. Por isso Foucault fala de uma entrega que anima o discurso no diálogo *Laques*: "o ouvinte é levado pelo *lógos* socrático a 'dar um relato' – *didonai logon* – de si mesmo, do modo como atualmente passa seus dias e do tipo de vida que levara até então" (PLATÃO, *Laques*, 187e-188c; *FS*, p. 96). O ouvinte é conduzido e assim se entrega à condição do outro. Essa passividade torna-se a condição de certa prática de relatar a si mesmo, sugerindo que só é possível fazer um relato de si mesmo entregando-se às palavras do outro, à exigência do outro. Segundo Foucault, trata-se de "uma prática na qual aquele que é conduzido pelo discurso de Sócrates deve dar um relato autobiográfico de sua vida, ou uma confissão de suas falhas" (*FS*, p. 96). Foucault não demora em dizer que esse relato que se dá de si mesmo não equivale à autoacusação:

---

e *parresía*, mas também discussões extensas sobre Alcebíades, Sócrates, oráculo de Delfos, alternativas epicuristas e estoicas, cuidado de si e subjetivação.

o que está envolvido não é uma confissão autobiográfica. Nos retratos que Platão ou Xenofonte fazem de Sócrates, nunca o vemos pedindo um exame de consciência ou uma confissão dos pecados. Aqui, dar um relato da própria vida, seu *bios*, também não é dar uma narrativa dos eventos históricos que acontecerem na sua vida, mas sim demonstrar se se é capaz de mostrar que há uma relação entre, de um lado, o discurso racional – o *lógos* – que se é capaz de usar e, de outro, seu modo de vida. Sócrates está investigando como o *lógos* dá forma ao estilo de vida de uma pessoa (*FS*, p. 97).

Quando se fala em dar um relato de si mesmo, também se está exibindo, na própria fala, o *lógos* pelo qual se vive. A questão não é apenas harmonizar a fala com a ação, embora seja essa a ênfase dada por Foucault; a questão também é reconhecer que a fala já é um tipo de fazer, uma forma de ação que já é uma prática moral e um modo de vida. Além disso, ela pressupõe uma troca social. Ao falar dos cínicos, Foucault cita a luta entre Alexandre e Diógenes em um texto de Dion Crisóstomos, no século II d.C., no qual se diz que Diógenes "expõe-se ao poder de Alexandre do começo ao fim do Discurso. E o principal efeito dessa luta parresista com o poder não é levar o interlocutor a uma nova verdade ou a um novo nível de autopercepção; é levar o interlocutor a *interiorizar* essa luta parresista – a batalhar dentro de si mesmo contra suas próprias falhas e ser consigo mesmo do mesmo modo que Diógenes fora consigo" (*FS*, p. 133).

Podemos ser tentados a encontrar aqui um tipo de relação transferencial *avant la lettre*, que possa restabelecer a psicanálise como parte da história do "cuidado de si". Embora Foucault geralmente identifique a psicanálise com a hipótese repressora (a anterioridade do desejo em relação à lei ou a produção do desejo como consequência da lei), ou a veja como instrumento das mutilações internas da "consciência", podemos discernir algumas semelhanças entre as duas posições que sugeririam outra direção para a investigação sobre o si-mesmo. Afinal, em suas últimas conferências, Foucault passa a considerar a passividade da recepção e a transitividade da instrução. Essas duas ideias, junto com suas observações sobre a interiorização do outro, formam a base para um diálogo possível entre Foucault e a psicanálise.

Foucault indica esse diálogo possível quando escreve, em *A hermenêutica do sujeito*, que o conhecimento analítico do si-mesmo pode devidamente pertencer à tradução do cuidado de si espiritual, cujas primeiras versões ele identifica na Antiguidade tardia. Diz que Lacan foi o único desde Freud a recentralizar a questão da psicanálise nas questões da relação entre sujeito e verdade (*HDS*, p. 40). Nesse contexto, ele reconhece que a questão que tem colocado, "A que preço o sujeito pode dizer a verdade sobre si mesmo?", atravessa da mesma maneira a Antiguidade e a psicanálise: "a questão do preço que o sujeito tem de pagar para dizer o verdadeiro e a questão do efeito que tem sobre o sujeito o fato de que ele disse" (*HDS*, p. 40). Essa questão ressurge, sustenta Foucault, quando se descobre "no interior mesmo da psicanálise a mais velha tradição, a mais velha interrogação, a mais velha inquietude desta *epiméleia heaotou* [cuidado de si], que constitui a forma mais geral da espiritualidade" (*HDS*, p. 40-41).

Foucault assinala essas primeiras relações do si consigo mesmo, com a verdade do que diz e com o outro para mostrar, mais uma vez, seu distanciamento da permutação moderna do confessional, que antes ele tinha associado aos efeitos disciplinares da psiquiatria e da psicanálise. Quando se refere à forma de exame de si realizada por Sêneca, aponta que "ele não revela nenhuma falha secreta, nenhum desejo vergonhoso" (*FS*, p. 152). E no final de sua discussão sobre Epiteto, distingue claramente entre uma relação moralizada para com o si-mesmo e a prática moral do cuidado de si. Escreve Foucault:

Esses exercícios fazem parte do que podemos chamar de "estética de si". Pois não temos de assumir uma posição como aquela de um juiz pronunciando uma sentença. Podemos nos portar em relação a nós mesmos no papel de um técnico, um artesão, um artista que, de tempos em tempos, para de trabalhar, examina o que faz, lembra-se das regras da arte e as compara com o que realizou até ali (*FS*, p. 166).

É claro, o sujeito de Foucault é deliberativo e intencional nessas descrições, mas sua análise das paixões, inclusive da "raiva", é uma tentativa de entender o que impulsiona obstinadamente uma pessoa à autorreflexão e à autocriação. Quando se refere a exercícios em que alguém tem de examinar a verdade sobre si mesmo na forma de uma interpelação ao outro, ele é claro e diz que "a expressão 'exame de consciência' como termo geral destinado a caracterizar todos esses diferentes exercícios confunde e simplifica demais" (*FS*, p. 144-145). Nessas conferências da década de 1980, o exame de si tem a forma de uma interpelação ao outro depois de termos sido por ele interpelados (pedagogicamente). No entanto, a relação com o outro não é tão constitutiva ou perturbadora como em Lévinas ou Laplanche. Em Foucault, não encontraremos um questionamento das paixões da alma que guardam uma marca irreversível do outro sobre o si e que, por definição, perturbam todo esforço de alcançar o domínio de si. O domínio de si acontece na interpelação ao outro ou na exposição ao outro, contextualizadas e facilitadas por uma relação pedagógica.

Encontramos em Foucault a ideia de que a reflexividade, o cuidado de si e o domínio de si são tentativas, sem término e impossíveis de serem satisfeitas, de "retornar" a um si-mesmo a partir da situação de ser alheio a si mesmo. Nesse aspecto, a diferença que separa Foucault de Laplanche e Lévinas é evidente. Para Lévinas, o "retorno a si mesmo" é infinito, jamais pode ser realizado e acontece em um nível an-árquico, permanentemente anterior à reflexão consciente.

Para Laplanche, a estranheza constitutiva que dá origem às pulsões é uma condição insuperável do "eu" e seus afetos. O sujeito do "cuidado de si" em Foucault atua no si-mesmo como um tipo de material, mas precisamos perguntar sobre a resistência e a obstinação desse material. Aqui, Foucault e a psicanálise se separam. Para Foucault, essa tarefa não tem fim e não pode ter forma final. Ele então contesta ideias de progresso ou desenvolvimento racional que dominariam a relação reflexiva e a direcionariam para uma conclusão clara. O si-mesmo se forma na história, mas a história do si-mesmo individual, a história da individuação não é dada: aqui não há infância, não há a primazia da marca do Outro, não há relato da relacionalidade específica pela qual o infante desenvolve sua separação e a que preço. Foucault entende que, ao considerar as visões socrática, estoica, cínica e materialista do cuidado de si, está distanciado das noções modernas de reflexividade. Mas esse contraste é crucial para a operação "crítica" desse texto, pois as concepções modernas do si-mesmo não são nem verdadeiras nem inevitáveis, mas foram construídas por uma história complexa de dívida e renegação em relação a essas e outras formas anteriores do si-mesmo.

Em *A hermenêutica do sujeito*, ele considera o oráculo de Delfos que guia Sócrates – "Conhece-te a ti mesmo" – e conclui que só se pode conhecer a si mesmo se o sujeito tiver uma relação com a verdade. Se a verdade deve descobrir-se como *lógos*, como princípio e estrutura de uma linguagem e, especificamente, como propriedades demonstrativas da fala, então a possibilidade de conhecer a si mesmo depende da capacidade do sujeito para elaborar sua relação com a verdade e com a fala. O sujeito é capaz de dizer o verdadeiro para si mesmo? Foucault percebe que para as visões do si-mesmo que ele analisa da Antiguidade grega e romana, a suposição do acesso à verdade não está em desacordo com o "ser do sujeito" (*HDS*, p. 23). Foucault salienta uma diferença histórica da situação moderna, em que a verdade não define nem salva o sujeito: "aquele ponto de iluminação, aquele ponto de completude, aquele momento de transfiguração do sujeito pelo 'efeito de retorno' da verdade que ele conhece sobre si mesmo, e que transita, atravessa, transfigura seu ser, nada disto pode mais existir" (*HDS*, p. 23). Nem recompensa nem coroamento; é o conhecimento, nas condições modernas, que avança para uma "dimensão indefinida". Embora sejamos capazes de perseguir e dizer o que tomamos como verdade, ela não retorna a nós para revelar, restabelecer ou consagrar alguma verdade primária de quem somos, para nos recompensar por nosso trabalho ou sacrifício. Na era moderna, escreve Foucault, somos efetivamente capazes de ter uma relação com a verdade: "o sujeito, tal como ele é, é capaz de verdade, mas a verdade, tal como ela é, não é capaz de salvar o sujeito" (*HDS*, p. 24).

A conclusão irônica não impede a possibilidade de que alguma mudança possa acontecer ao longo da jornada. Afinal, quando relatamos a nós mesmos não estamos apenas transmitindo informações por um meio indiferente. O relato que fazemos é um ato – situado numa prática mais ampla de atos – que executamos por, para, até mesmo *sobre* um outro, um feito alocutário, uma atuação pelo outro, e diante do outro, muitas vezes em virtude da linguagem fornecida pelo outro. Tal relato não tem como objetivo o estabelecimento de uma narrativa definitiva, mas constitui uma ocasião linguística e social para a autotransformação. Em termos pedagógicos, constitui parte do que Sócrates exemplificou sobre a *parresía* como uma fala corajosa no espírito crítico da "Apologia". Em termos foucaultianos, "o alvo dessa nova *parresía* não é persuadir a Assembleia, mas convencer de que se deve cuidar de si e dos outros; isso significa que se deve *mudar de vida*" (*FS*, p. 106).

Nosso modo de falar e nosso modo de viver não são iniciativas separadas, ainda que, como Foucault nos alerta, o discurso não seja a vida. Ao falar com o outro, e a pedido do outro, sobre como vivemos, estamos respondendo a um pedido e tentando estabelecer ou restabelecer determinado vínculo, honrar o fato de que fomos interpelados desde outro lugar. Então, quando se trata de darmos um relato de nós mesmos, estamos *apenas* falando ou *apenas* fazendo? Foucault se refere à "relação *bios-lógos* [que é] revelada quando o interlocutor faz um relato de sua vida e sua harmonia [é] testada pelo contato com Sócrates" (*FS*, p. 101). Fazer um relato de si, portanto, é um tipo de exposição de si, uma exposição com o propósito de testar se o relato parece correto, se é compreensível pelo outro, que o "recebe" por meio de um ou outro conjunto de normas.

Tenho uma relação comigo mesma, mas no contexto de uma interpelação ao outro. A relação, portanto, é exposta, mas também é, fazendo referência ao trabalho de Foucault sobre a confissão, *tornada pública*, colocada no campo da aparência, constituída como manifestação social. Ao associar novamente o dizer verdadeiro ao problema do poder, ele observa que, no século V a.C., os problemas filosóficos surgem em relação a questões sobre a alocação de poder: quem é capaz de dizer a verdade, sobre o quê, com quais consequências e com qual relação com o poder? Embora o dizer verdadeiro seja forçado a se realizar de acordo com regras de validade, Foucault também deixa claro que existem condições – eu as chamaria de retóricas – que possibilitam o dizer verdadeiro e que devem ser questionadas. Nesse sentido, a problematização da verdade precisa levar em conta "a importância de dizer a verdade, sabendo quem é capaz de dizer a verdade e por que devemos dizê-la". Essas questões que dizem respeito aos limites, condições e consequências do dizer verdadeiro como tal, contêm, nas palavras de Foucault, "as raízes do que poderíamos chamar de tradição 'crítica' no Ocidente" (*FS*, p. 170).

Essas questões constituem "as raízes do que poderíamos chamar de tradição 'crítica'", sugerindo, talvez, que não costumamos incluir esse tipo de investigação como parte da tradição crítica, mas claramente deveríamos. Foucault junta-se à tradição crítica, mas será que alguém lhe estende a mão? Quando insiste nas condições de poder em que surge o problema do dizer verdadeiro, Foucault não está tão distante de Adorno, para quem a própria deliberação moral é consequência de certa condição histórica, em que o sujeito é produzido à distância do mundo objetivo concebido instrumentalmente. Quando digo a verdade sobre mim, consulto não apenas meu "si-mesmo", mas o modo como o si-mesmo é produzido e produtível, a posição de onde procede a exigência de se dizer a verdade, os efeitos que dizer a verdade terá como consequência, bem como o preço que deve ser pago.

De diferentes maneiras, para cada um desses pensadores um preço tem de ser pago. Dizer a verdade sobre nós é algo que nos envolve em querelas sobre a formação do si-mesmo e a condição social da verdade. Nossas narrativas enfrentam um impasse quando as condições de possibilidade para dizer a verdade não podem ser tematizadas, quando o que falamos se baseia numa história formativa, uma sociabilidade e uma corporeidade que não podem facilmente ser reconstruídas na narrativa, se é que podem. Paradoxalmente, torno-me desapossada no ato de dizer, e nessa despossessão consolida-se uma reivindicação ética, visto que nenhum "eu" pertence a si mesmo. Desde o início, ele passa a existir por uma interpelação que não posso recordar nem recuperar, e quando ajo, ajo em um mundo cuja estrutura, em grande parte, não é criação minha – o que não equivale a dizer que não exista criação ou ação minha no mundo. Certamente existe. Significa apenas que o "eu", seu sofrer e agir, dizer e conhecer, acontece em um crisol de relações sociais, variavelmente estabelecidas e reiteráveis, sendo algumas irrecuperáveis e outras responsáveis por invadir, condicionar e limitar nossa inteligibilidade no presente. Quando agimos e falamos, não só nos revelamos, mas também agimos sobre os esquemas de inteligibilidade que determinam quem será o ser que fala, sujeitando-os à ruptura ou à revisão, consolidando suas normas ou contestando sua hegemonia.

Para Adorno, a questão do que devo fazer está implicada na análise social do mundo em que meu fazer toma forma e tem efeitos. Nessa visão, uma ética da responsabilidade leva em conta não só "o fim e a intenção" da minha ação, mas também "a formação resultante do mundo" (*PMP*, p. 172). Para ele, a questão de como viver uma boa vida em uma má vida, de como persistir subjetivamente em uma boa vida quando o mundo é organizado miseravelmente, é apenas uma maneira diferente de dizer que o valor moral não pode ser considerado separadamente de suas condições e consequências. Nas palavras dele, "tudo que hoje chamamos de moralidade integra-se à questão da organização do mundo. Poderíamos dizer até que a busca da boa vida é a busca da forma correta de política, se de fato tal forma correta de política existir no campo do que pode ser alcançado hoje" (*PMP*, p. 176).

Numa crítica favorável a Nietzsche, Adorno nos alerta contra as diversas formas enganadoras de interpretarmos a tarefa de criar novos valores. Ele observa que "na realidade" o "indivíduo solitário" é "impotente" simplesmente para "estabelecer novas normas e novos mandamentos baseados em seu capricho subjetivo", e chama essa tarefa de "arbitrária" e "fortuita" (*PMP*, p. 172). Algumas linhas depois nessa mesma conferência, ele critica Nietzsche por não atentar de maneira suficientemente radical à mudança das "condições que determinam os seres humanos e fazem de todos e de cada um o que somos" (*PMP*, p. 174). Em certos aspectos, Foucault assume o trabalho que Nietzsche deixou parcialmente completo. E embora Foucault não celebre o "indivíduo solitário" que simplesmente cria novas normas, ele localiza as práticas do sujeito como o lugar onde essas condições sociais são trabalhadas e retrabalhadas.

Se, segundo Foucault, novos modos de subjetividade tornam-se possíveis, isso não resulta do fato de que existem indivíduos com capacidades especialmente criativas. Tais modos de subjetividade são produzidos quando as condições limitadoras pelas quais somos feitos provam-se maleáveis e replicáveis, quando determinado si-mesmo arrisca sua inteligibilidade e reconhecibilidade em um convite para expor e explicar as maneiras inumanas em que "o humano" continua a ser feito e desfeito. Nem toda condição do sujeito está aberta a revisão, pois as condições de formação nem sempre são recuperáveis e conhecíveis, mesmo que sobrevivam, enigmaticamente, em nossos impulsos. Seja como atitude deliberadamente reflexiva para com o si-mesmo, seja como modo de viver aquilo que não se pode conhecer plenamente, o sujeito torna-se um problema para a filosofia moral precisamente porque nos mostra como o humano é constituído e desconstituído, os modos de sua autocriação agencial, bem como seus modos de sobrevivência. Quando nos deparamos com os limites de qualquer horizonte epistemológico e percebemos que a questão não é apenas se posso ou se chegarei a *conhecer* o outro, ou se o outro pode me *conhecer*, somos obrigados a perceber igualmente que o "tu" enquadra-se no esquema do humano no qual opero, e que nenhum "eu" pode começar a contar uma história sem perguntar: "Quem és tu?", "Quem fala comigo?", "Para quem falo quando falo contigo?". Se isso estabelece a prioridade da retórica em relação à ética, tudo bem que seja assim. O modo de interpelação condiciona e estrutura o modo pelo qual surgem as questões morais. Aquele que me faz uma exigência, que me pergunta, por exemplo, quem eu sou ou o que fiz, pode bem ter um caráter singular e insubstituível, mas ele também fala numa linguagem impessoal que pertence a horizontes de inteligibilidade historicamente mutáveis. Se Lévinas está correto quando diz que o Outro imprime-se em nós desde o começo, reconhecemos, como Laplanche, que a vida humana começa com a infância, então essas primeiras impressões estão atadas à formação do Eu, ao estabelecimento do inconsciente e à instigação do impulso primário em relação a um enigma, ou estranheza, que é nosso sem sequer pertencer a nós.

De forma análoga, Foucault e Adorno, de maneiras diferentes, chamam nossa atenção para as dimensões deliberativas da investigação moral, a dificuldade de ser formado como sujeito reflexivo dentro de um mundo social dado. O si-mesmo em questão é claramente "formado" dentro de um conjunto de convenções sociais que suscitam a pergunta sobre se é possível ter uma boa vida dentro de uma má, e se deveríamos, ao nos reinventarmos com o outro e pelo outro, participar da recriação das condições sociais. Dar um relato de si tem um preço não só porque o "eu" que apresento não pode apresentar muitas condições de sua própria formação, mas também porque o "eu" que se entrega à narração não pode abranger muitas dimensões de si mesmo: os parâmetros sociais de interpelação, as normas pelas quais o "eu" torna-se inteligível, as dimensões não narráveis ou até indizíveis do inconsciente que persistem como estranheza facilitadora no cerne do meu desejo.

O que talvez surja de maneira mais enfática da conjunção dessas posições bem díspares (Adorno, Foucault, Laplanche, Lévinas, Nietzsche, Hegel) é que a resposta à exigência de relatar a de si mesmo diz respeito a compreender ao mesmo tempo a formação do sujeito (si-mesmo, Eu, *moi*, perspectiva de primeira pessoa) e sua relação com a responsabilidade. O sujeito sempre incapaz de fazer um relato completo de si mesmo pode bem ser o resultado do fato de estar relacionado aos outros, em níveis não narráveis de existência, em aspectos que têm um significado ético superveniente. Se o "eu" não pode efetivamente ser separado da impressão da vida social, então a ética certamente não pressupõe apenas a retórica (e a análise do modo de interpelação), mas também a crítica social. A postulação nietzschiana do si-mesmo como "causa" tem uma genealogia que deve ser entendida como parte da redução da filosofia ética às mutilações internas da consciência. Esse movimento não só efetua uma separação entre a tarefa da ética, de um lado, e a questão da vida social e as redes historicamente reversíveis de inteligibilidade nas quais todos surgimos, de outro, como também não consegue compreender o recurso das relações primárias e irredutíveis com os outros como precondição da responsabilização ética. Podemos justificadamente discordar da postulação que faz

Lévinas de uma perseguição pré-ontológica por parte do Outro ou oferecer uma explicação que conteste a primazia da sedução em Laplanche. Mas, de todo modo, devemos perguntar como a formação do sujeito implica um quadro de referência para entender a resposta ética e uma teoria da responsabilidade. Se certas versões da investigação moral preocupada com o si-mesmo nos levam de volta a um narcisismo apoiado por meio de modos de individualismo socialmente impostos, e se esse narcisismo leva a uma violência ética que não conhece a virtude da aceitação de si ou do perdão, então parece obrigatório, quiçá urgente, reformular a questão da responsabilidade da seguinte maneira: "Como somos formados na vida social e a que custo?".

Talvez seja ainda mais importante reconhecer que a ética requer que nos arrisquemos precisamente nos momentos de desconhecimento, quando aquilo que nos forma diverge do que está diante de nós, quando nossa disposição para nos desfazer em relação aos outros constitui nossa chance de nos tornarmos humanos. Sermos desfeitos pelo outro é uma necessidade primária, uma angústia, sem dúvida, mas também uma oportunidade de sermos interpelados, reivindicados, vinculados ao que não somos, mas também de sermos movidos, impelidos a agir, interpelarmos a nós mesmos em outro lugar e, assim, abandonarmos o "eu" autossuficiente como um tipo de posse. Se falamos e tentamos fazer um relato de nós mesmos a partir desse lugar, não seremos irresponsáveis, ou, se o formos, certamente seremos perdoados.

Posfácio
Dos problemas de gênero a uma teoria da despossessão necessária: ética, política e reconhecimento em Judith Butler

Vladimir Safatle

Depois de um longo hiato, uma segunda leva de traduções de Judith Butler atesta o interesse crescente por seu pensamento no Brasil. Neste ínterim, Butler firmou-se no debate internacional não apenas por permitir uma inflexão profunda das discussões feministas em direção à crítica do uso político da noção de identidade social. Inflexão que forneceu as condições para uma verdadeira desconstrução da noção de gênero em suas aspirações identitárias. Na verdade, Butler foi capaz de recolocar o problema dos vínculos entre política e moral através de uma radicalização da teoria do reconhecimento na qual as limitações das matrizes normativas da individualidade liberal eram denunciadas. Pelas suas mãos, uma teoria do sujeito fortemente marcada por aportes da psicanálise e por certa leitura da tradição hegeliana servia de fundamento para pensarmos problemas de reconhecimento para além da afirmação normativa do indivíduo moderno com suas exigências de possessão de si, seu "individualismo possessivo", sua autoidentidade e sua redução egológica da experiência. Neste sentido, uma teoria renovada do sujeito aparecia como fundamento para a reconstrução contemporânea do campo da filosofia política e da filosofia moral.

Gênero e despossessão

A fim de melhor compreender tal tarefa e suas estratégias, comecemos por sublinhar a particularidade da maneira com que Butler desenvolve suas discussões sobre problemas de gênero. Sabemos como o conceito de gênero ganhou importância decisiva nas últimas décadas devido à maneira que ele nos permite problematizar as relações entre sexo, identidade e política. Entretanto, nada disto estava presente quando o conceito apareceu no campo clínico pela primeira vez, através das mãos do psiquiatra Robert Stoller, em um livro de 1968 intitulado *Sexo e gênero*.[1] Nele, Stoller procurava descrever as dinâmicas de construção de identidades de gênero através da articulação entre processos sociais, nomeação familiar e questões biológicas. Tratava-se de insistir em um regime próprio de formação das identidades sexuais, para além de seu vínculo estrito à diferença anatômica de sexo, embora Stoller não estivesse disposto a abandonar toda e qualquer referência à biologia.

Judith Butler, no entanto, não estava interessada apenas em radicalizar tal problemática ao pensar, de forma conceitualmente mais precisa, perspectivas construtivistas de gênero. Ela percebera como, diferentemente da noção foucaultiana de "sexualidade" que é, como veremos mais à frente, um conceito eminentemente crítico, a ideia de "gênero" estava potencialmente carregada de uma teoria positiva da ação política, teoria que procura entender a maneira com que sujeitos lidam com normas, subvertem tais normas, encontram espaços de singularidade produzindo novas formas. Não se tratava de entender apenas como sujeitos são sujeitados às normas sociais e completamente constituídos por elas. Pois de nada adiantaria abandonarmos uma noção essencialista de natureza para cairmos em uma visão identitária de performatividade social. Por isto, pelas mãos de Butler, a teoria de gênero não será apenas uma teoria da produção de identidades. Ela será uma astuta teoria de como, através da experiência de algo no interior da experiência sexual que não se submete

---

[1] STOLLER, Robert. *Sex and Gender: On the Development of Masculinity an Femininity*. New York: Science House, 1968.

integralmente às normas e identidades, descubro que ter um gênero é um "modo de ser despossuído",[2] de abrir o desejo para aquilo que me desfaz a partir da relação ao outro. Daí uma afirmação como:

> A sociabilidade particular que pertence à vida corporal, à vida sexual e ao ato de tornar-se um gênero [*becoming gendered*] (que é sempre, em certo sentido, tornar-se gênero *para outros*) estabelece um campo de enredamento ético com outros e um sentido de desorientação para a primeira pessoa, para a perspectiva do Eu. Como corpos, nós somos sempre algo mais, e algo outro, do que nós mesmos.[3]

Assim, há algo no campo do sexual que aparece como o nome de um evento marcado pelo advento das exigências de reconhecimento do que desarticula as estruturas narrativas da primeira pessoa do singular, com seus atributos e predicados capazes de fundar um espaço do "próprio". Isto porque o sexual parece nos empurrar em direção a estes sistemas de afecções que nos colocam fora não apenas dos limites da primeira pessoa, mas do que poderia ser integrado sem colocar em questão a própria estrutura da pessoa.

Não é difícil perceber como, nesta maneira com que Butler reconstrói as experiências de gênero, há algo das expectativas disruptivas depositadas por Georges Bataille na noção de "erotismo". Basta lembrarmos do tom claramente butleriano de uma afirmação de Bataille como: "O erotismo é a meus olhos o desequilíbrio em que o próprio ser se coloca em questão, conscientemente. Em certo sentido, o ser se perde objetivamente, mas então o sujeito se identifica com o objeto que se perde. Se for preciso, posso dizer, no erotismo: EU me perco".[4] Se não temos em Butler a afirmação do sistema de

---

[2] BUTLER, Judith. *Undoing Gender*. New York: Routledge, 2004a. p. 19.

[3] BUTLER, 2004a, p. 25.

[4] BATAILLE, Georges. *O erotismo*. Belo Horizonte: Autêntica, 2013. p. 55.

entrelaçamento entre sagrado e erotismo, temos ao menos a consciência da experiência do sexual pressupor certa forma de "desequilíbrio" em relação à lógica utilitária que rege as ações de sujeitos pensados como agentes maximizadores de interesses. Pois não devemos nos esquecer de como o século XX foi, à sua maneira, marcado pela transformação da reflexão filosófica sobre o sexual em setor fundamental para a crítica de certa concepção reificada de sujeito. O trabalho de Butler participa desta tradição.

Mas devemos lembrar como Butler aborda os problemas ligados à experiência do sexual em uma era histórica marcada por dois fenômenos centrais, o que define muito da peculiaridade de seu pensamento. Primeiro, a ascensão, a partir dos anos setenta, das lutas políticas de reconhecimento do que fora visto até então como socialmente minoritário (gays, mulheres, negros, travestis). Minoritário não no sentido de ser uma minoria numérica, mas de ser compreendido como marcado por uma minoridade social. No entanto, longe de aceitar que tais lutas representariam um deslocamento da política em direção ao campo da afirmação de "diferenças culturais" cada vez mais particularistas e críticas a qualquer forma de universalidade, Butler vê em tais lutas a possibilidade do advento de uma forma social caracterizada pelo reconhecimento dos limites de toda e qualquer identidade. Sem procurar recuperar versões substancialistas ou procedurais de universalidade, trata-se de pensar o estatuto da universalidade subjacente às demandas sociais de reconhecimento que não se acomodam a serem meras afirmações comunitaristas.[5]

Segundo, um dos impactos importantes de tais lutas foi a modificação das fronteiras clínicas entre normal e patológico, e toda mudança de fronteiras entre normal e patológico traz sempre consequências fundamentais para nossos padrões de

---

[5] Sobre este debate, ver, principalmente, BUTLER, Judith; LACLAU, Ernesto; ŽIŽEK, Slavoj. *Contingency, Hegemony, Universality: Contemporary Dialogues on the Left*. Londres: Verso, 2000.

racionalidade social. O desaparecimento do homossexualismo como categoria da perversão sexual a partir do DSM III, por exemplo, impulsionou a modificação paulatina da sensibilidade social para problemas de gênero, mesmo que a psiquiatria ainda defina quadros de "transtornos de gênero". Nesta modificação, categorias até então utilizadas para definir fronteiras entre normal e patológico, entre humano e inumano, transformam-se em categorias políticas para denunciar o conteúdo fortemente normativo e impositivo da "humanidade" normalizada. Transformação esta que aparece como acontecimento de forte ressonância filosófica, pois nos coloca diante da compreensão de como nossa humanidade depende do reconhecimento de alguma forma de proximidade com o que tendíamos, até então, a empurrar para vala do inumano e, muitas vezes, do abjeto. Nesta compreensão de como o reconhecimento do "inumano" é condição para quebrar a violência normativa do conceito de "humanidade" encontra-se uma das contribuições políticas e morais mais decisivas de Butler. Pois tal reconhecimento do inumano como condição para a humanidade demonstra como a experiência de ter um gênero deve, necessariamente, caminhar em direção a discussões mais amplas sobre como o campo da ética e da política são redimensionados quando os reconstruímos a partir do problema do reconhecimento daquilo que não se conforma à figura atual do homem.

Lembremo-nos de como o próprio uso do termo "queer" é bastante sintomático neste sentido. "Queer" aparece no inglês do século XVI para designar o que é "estranho", "excêntrico", "peculiar". A partir do século XIX, a palavra começa a ser usada como um xingamento para caracterizar homossexuais e outros sujeitos com comportamentos sexuais aparentemente desviantes. No entanto, no final dos anos oitenta do século passado, o termo começa a ser apropriado por certos grupos LGBT no interior de um processo de ressignificação no qual o significado pejorativo da palavra é desativado através de sua afirmação por aqueles a quem ela seria endereçada e que procura excluir. Sensíveis a tal inversão, algumas teóricas de gênero viram nesta operação uma oportunidade para descrever um outro momento das lutas por reconhecimento de minorias. Momento não mais centradas na defesa de alguma identidade particular aos homossexuais, mas na identificação de si com o que parece expulso do universo da reprodução "normal" da vida. De onde se seguiu a produção do sintagma "Teoria queer", enunciado primeiramente pela feminista italiana Teresa de Lauretis.[6]

Desta forma, Butler pode sintetizar uma crítica do capitalismo enquanto forma social baseada na organização da vida a partir do princípio de identidade que anima a figura do indivíduo. Uma crítica que não se contentará nem com a estratégia de multiplicação multicultural das identidades, nem com alguma forma de retorno a experiências comunais substancialmente enraizadas perdidas pelo processo de modernização capitalista. Na verdade, ela se baseará na possibilidade de constituição de relações intersubjetivas fundadas na desarticulação de um princípio de identidade definido como posse (de atributos, de predicados, de narrativas, de objetos). Como se a afirmação da despossessão fosse estratégia maior para toda e qualquer crítica do capitalismo como forma de vida. E é na escuta da experiência sexual que aprendemos inicialmente a viver despossuídos.

Reconhecer a opacidade

Mas para entendermos como Judith Butler chegou a compreender a natureza do gênero de tal forma descentrada, faz-se necessário alguns passos para trás. Voltemos a 1987, quando Butler publica seu primeiro livro: uma versão de sua tese de doutorado, *Sujeitos do desejo*, dedicada ao conceito de desejo em Hegel e sua recepção no pensamento francês

---

[6] Sobre os usos e críticas de Teresa de Lauretis a respeito do termo "queer", ver DE LAURETIS, Teresa. *The Practice of Love: Lesbian Sexuality and Perverse Desire*. Bloomington: Indiana University Press, 1994.

contemporâneo (em especial, em Sartre, Lacan, Foucault e Deleuze). Pois devemos levar a sério uma afirmação sua como: "Em certo sentido, todos meus trabalhos permanecem no interior da órbita de um certo conjunto de questões hegelianas: o que é a relação entre desejo e reconhecimento e como a constituição do sujeito implica uma relação radical e constitutiva à alteridade?".[7]

Butler começa por lembrar que há uma "visão filosófica" do desejo que procura nos fazer acreditar que a reflexão sobre a vida desejante deveria nos levar, necessariamente, a um paradigma de reconciliação no interior do qual encontraríamos a integração psíquica entre razão e afetos. Esta reconciliação, no entanto, não estaria presente em Hegel, pois, em seu caso, o desejo apareceria exatamente como aquilo que "fratura um eu metafisicamente integrado"[8] por ser uma forma de "modo interrogativo de ser, um questionamento corporal de identidade e lugar".[9] Ou seja, a descoberta do desejo é a descoberta de uma fratura ontológica que faz do meu ser o espaço de um questionamento contínuo a respeito do lugar que ocupo e da identidade que me define. Um questionamento que faz de meu ser um modo contínuo de interpelação ao Outro, já que não há desejo sem que haja Outro. Mesmo um desejo "narcisista" é o desejo pela imagem de si a partir da internalização do olhar de um Outro elevado à condição de ideal. Todo desejo pressupõe um campo partilhado de significação no qual o agir se inscreve. Pois todo desejo pressupõe destinatários, é desejo feito para um Outro e inscrito em um campo que não é só meu, mas é também campo de um Outro. Assim, perguntar-se sobre o ser do sujeito a partir do desejo é, como nos mostrou Hegel, partir necessariamente do sujeito como uma entidade relacional para a qual, em termo butlerianos, há

---

[7] BUTLER, Judith. *Subjects of Desire: Hegelian Reflections in Twentieth-Century France*. New York: Columbia University Press, 1987. p. XX.

[8] BUTLER, 1987, p. 7.

[9] BUTLER, 1987, p. 9.

"uma relação radical e constitutiva à alteridade". Esta leitura de Hegel privilegia uma interpretação que visa radicalizar a experiência de negatividade própria a seu conceito de desejo e anda, por isto, na contramão da desqualificação genérica da negatividade, tal como encontramos em setores do pensamento francês, como Foucault, Deleuze e Guattari.[10]

Para compreender o que significa tal negatividade, lembremos como Hegel parece inicialmente vincular-se a uma longa tradição que remonta a Platão e compreende o desejo como manifestação da falta. Vejamos, por exemplo, um trecho maior da *Enciclopédia*. Lá, ao falar sobre o desejo, Hegel afirma:

> O sujeito intui no objeto sua própria falta [*Mangel*], sua própria unilateralidade – ele vê no objeto algo que pertence à sua própria essência e que, no entanto, lhe falta. A consciência-de-si pode suprimir esta contradição por não ser um ser, mas uma atividade absoluta.[11]

A colocação não poderia ser mais clara. O que move o desejo é a falta que aparece intuída no objeto. Um objeto que, por isto, pode se pôr como aquilo que determina a essencialidade do sujeito. Ter a sua essência em um outro (o objeto) é uma contradição que a consciência pode suprimir por não ser exatamente um ser, mas uma atividade, isto no sentido de ser uma reflexão que assimila o objeto a si. Esta experiência da falta é tão central para Hegel que ele chega a definir a especificidade do vivente (*Lebendiges*) através da sua capacidade em sentir falta, em sentir esta excitação (*Erregung*) que o leva à necessidade do movimento; assim como ele definirá o sujeito como aquele que tem a capacidade de suportar (*ertragen*) a contradição de si mesmo (*Widerspruch*

---

[10] A respeito desta questão, tomo a liberdade de remeter ao primeiro capítulo de SAFATLE, Vladimir. *Grande Hotel Abismo: para uma reconstrução da teoria do reconhecimento*. São Paulo: Martins Fontes, 2012.

[11] HEGEL, G. W. F. *Enciclopédia das ciências filosóficas*. Frankfurt: Suhrkamp, 1986. § 427. v. III.

seiner selbst) produzida por um desejo que coloca a essência do sujeito no objeto.

Mas, dizer isto é ainda dizer muito pouco. Pois se o desejo é falta e o objeto aparece como a determinação essencial desta falta, então deveríamos dizer que, na consumação do objeto, a consciência encontra sua satisfação. No entanto, não é isto o que ocorre:

> O desejo e a certeza de si mesmo alcançada na satisfação do desejo são condicionados pelo objeto, pois a satisfação ocorre através do suprimir desse Outro, para que haja suprimir, esse Outro deve ser. A consciência-de-si não pode assim suprimir o objeto através de sua relação negativa para com ele, pois essa relação antes reproduz o objeto, assim como o desejo.[12]

A contradição encontra-se aqui na seguinte operação: o desejo não é apenas uma função intencional ligada à satisfação da necessidade animal, como se a falta fosse vinculada à positividade de um objeto natural. Ele é operação de autoposição da consciência: através do desejo a consciência procura se intuir no objeto, tomar a si mesma como objeto e este é o verdadeiro motor da satisfação. Através do desejo, na verdade, a consciência procura a si mesma. Até porque, devemos ter clareza a este respeito, a falta não é aqui expressão de alguma forma de privação ou de transcendência (como gostaria Kojève), mas um modo de ser da consciência em movimento em relação a suas determinações, modo de ser de uma consciência marcada por aquilo que Hegel chama de "negatividade" e que insiste que as determinações estão sempre em falta em relação ao ser.

Neste sentido, há uma crítica da finitude das determinações a animar o conceito hegeliano de desejo, e não apenas uma abertura à transcendência negativa. Pois não haverá objeto naturalizado algum capaz de se pôr em relação

---

[12] HEGEL, G. W. F. *Fenomenologia do Espírito*. Petrópolis: Vozes, 1992. p. 124.

de identidade com a negatividade própria ao desejo pelo fato de o desejo sempre exceder a finitude das determinações de seus objetos.

Por outro lado, em Hegel, a consciência desejante procura no outro não algo como a reiteração de seu sistema de interesses e necessidades. Ela procura no Outro o reconhecimento da natureza negativa e indeterminada de seu próprio desejo. Uma indeterminação que, à sua maneira, continuará no interior das figuras do trabalho e da linguagem. Neste sentido, em uma perspectiva estritamente hegeliana, ser reconhecido pelo Outro não implica ter assegurado meus predicados e atributos. Antes, implica encontrar no outro a opacidade da infinitude que me constitui ao mesmo tempo que me escapa e a respeito da qual só posso voltar a ter alguma experiência à condição de me aceitar ser despossuído. É tendo tal esquema em mente que Butler poderá quebrar a natureza essencialista da noção de gênero (em suas versões ontológicas, políticas ou metodológicas) defendida então por certas correntes feministas. É através dele que Butler poderá, ainda, compreender a função central da experiência da diferença e da negatividade na determinação da processualidade própria à dialética hegeliana do reconhecimento. O que lhe leva a afirmar:

> Na verdade, se seguirmos a *Fenomenologia do Espírito*, sou invariavelmente transformada pelos encontros que vivencio; o reconhecimento se torna o processo pelo qual eu me torno outro diferente do que fui e assim deixo de ser capaz de retornar ao que eu era. Desse modo, há uma perda constitutiva no processo de reconhecimento, uma vez que o "eu" é transformado pelo ato de reconhecimento. Nem todo seu passado é apreendido e conhecido no ato de reconhecimento; o ato altera a organização do passado e seu significado ao mesmo tempo que transforma o presente de quem é reconhecido. O reconhecimento é um ato em que o "retorno a si mesmo" torna-se impossível também

por outra razão. O encontro com o outro realiza uma transformação do si-mesmo da qual não há retorno.[13]

Esta transformação do si-mesmo não pode ser compreendida apenas como uma ampliação da minha perspectiva de julgamento da ação através da capacidade de também levar em conta interesses e atributos de outro indivíduo. Não basta simplesmente afirmar, por exemplo, que "reconhecer alguém significa perceber nele qualidades que nos incitam a comportarmo-nos não mais de maneira egocêntrica, mas conforme as intenções, necessidades ou desejos desta outra pessoa".[14] Insistir na força de descentramento do conceito de reconhecimento passa por reconhecer, no outro, algo que não pode ser pensado sob a forma de intenções, necessidades ou desejos de uma pessoa jurídica dotada de direitos positivos. Não se trata de novos desejos, necessidades e intenções que se desenvolvem sob a pressão de transformações históricas gerais. Trata-se de saber reconhecer o mal-estar relacionado à pessoa como modo de organização da subjetividade. Daí porque o encontro com o outro pode realizar algo que deve ser descrito como: "uma transformação de si da qual não há retorno". Pois é a própria concepção do que significa "si-mesmo" que deve se modificar.

Insistamos neste ponto. Como lembra Butler, o Outro não é apenas aquele que me constitui, que me garante através do reconhecimento de meu sistema individual de interesses e dos predicados que comporiam a particularidade de minha pessoa. Ele é aquele que, desde a introdução da sexualidade adulta no universo da criança, tal como descreve Jean Laplanche,[15] despossui-me, ele é aquele que me desampara.

---

[13] BUTLER, Judith. *Relatar a si mesmo: crítica da violência ética*. Belo Horizonte: Autêntica, 2015. p. 41.

[14] HONNETH, Axel. *La société du mépris*. Paris: La Découverte, 2006. p. 261.

[15] Sobre a natureza "intrusiva" da sexualidade a partir da teoria da sedução, ver, entre outros, LAPLANCHE, Jean. *Le primat de l'autre en psychanalyse*. Paris: Flammarion, 1997. p. 454.

Somos despossuídos por outros "em um modo que geralmente interrompe a narrativa autoconsciente sobre nós mesmos que procuramos fornecer, em um modo que muda nossa própria noção como autônomos e providos de controle".[16] Tal despossessão expõe minha vulnerabilidade estrutural aos encontros, assim como a opacidade a mim mesmo daquilo que me leva a vincular-me a outros que me descontrolam. Pois:

> somos despossuídos de nós mesmos em virtude de alguma forma de contato com outro, em virtude de sermos movidos e mesmo surpreendidos pelo encontro com a alteridade. Tal experiência não é simplesmente episódica, mas pode e revela uma base da relacionalidade – não apenas nos movemos, mas somos movidos por aquilo que está fora de nós, por outros, mas também por algo "fora" que reside em nós.[17]

Ou seja, ligar-se a outros não é apenas confirmar-se em suas predicações supostas, mas é estar em contínua despossessão por ter algo fundamental de si em um outro que não controlo, que não saberei como responderá ou se responderá. Por isto, a relacionalidade própria à condição humana não pode ser compreendida como garantia de cooperação. Que a despossessão possa aparecer também como expressão máxima de uma vulnerabilidade produzida pela insegurança social e civil a ser politicamente combatida com todas as nossas forças, já que produção de um não-ser social, isto não elimina a necessidade de uma política capaz de quebrar a substancialização do "individualismo possessivo" através da afirmação da produtividade de situações de insegurança ontológica.[18]

---

[16] BUTLER, Judith. *Precarious Life: The Powers of Mourning and Violence*. Londres: Verso, 2004b. p. 22.

[17] BUTLER, Judith; ATHANASIOU, Athena. *Dispossession: The Performative in the Political*. Cambridge: Polity Press, 2013. p. 3.

[18] Sobre o conceito de "individualismo possessivo", lembremo-nos da seguinte afirmação de Macpherson: "A liberdade do homem e, logo, sua qualidade de homem está ligada à liberdade que ele tem de estabelecer

As formas de despossessão ligadas à insegurança social e civil são modos de sujeição. Já aquelas vinculadas à insegurança ontológica são modos de liberação.

A produtividade das normas

É a partir do saldo de tal problemática hegeliana do reconhecimento que, à sua maneira, Butler aborda questões de gênero. Três anos após a publicação de sua tese, Butler apresenta este que será seu trabalho mais conhecido, *Problemas de gênero: feminismo e subversão da identidade*. O livro apresentava uma discussão inovadora sobre a noção de gênero, servindo-se, em larga medida, de apropriações da teoria do poder de Michel Foucault. Dividido em três partes, ele partia da tentativa em dissociar sexo e gênero, passava à crítica do estruturalismo (em especial Lévi-Strauss e Lacan) como corrente de pensamento que tendia à naturalizar uma ordem patriarcal de funcionamento da vida social, para, ao final, abrir certas considerações sobre as potencialidades políticas de uma noção de gênero que subverta a identidade.

Neste livro, Butler mostrava como fornecer uma teoria antirrepresentativa do sexual. Identidades sexuais não deveriam ser pensadas como *representações* suportadas pela estrutura binária de sexos. Tratava-se, ao contrário, de tentar escapar da própria noção de representação através de uma *teoria performativa do sexual*. Teoria que sustenta a possibilidade de realização

---

com o outro relações fundadas sobre o interesse pessoal; esta liberdade é ela mesma função da faculdade que ele tem de exercer um controle exclusivo (ou de gozar de direitos exclusivos) sobre sua própria pessoa e suas próprias capacidades. Ora, o direito de propriedade é apenas a expressão mais geral deste controle exclusivo. Segue-se então que o indivíduo é, essencialmente, proprietário de sua própria pessoa e de suas próprias capacidades" (MACPHERSON, C. B. *La théorie politique de l'individualisme possessif: de Hobbes à Locke*. Paris: Gallimard, 1971, p. 434). Ou seja, o conceito baseia-se em uma noção de agência construída a partir da ficção do interesse como forma justificada da motivação, do controle de si como fundamento da responsabilidade e da disposição de seus próprios predicados sob a forma da propriedade.

de atos subjetivos capazes de fragilizar o caráter reificado das normas, produzindo novos modos de gozo que subvertam as interdições postas pelo sistema binário de gêneros.

Tal teoria nascia de uma tomada de posição que procurava levar às últimas consequências a distinção entre *sexo* (configuração determinada biologicamente) e *gênero* (construção culturalmente determinada). No caso de Butler, não se tratava de fornecer uma nova versão da distinção clássica entre natureza e cultura, até porque gênero "é o aparato discursivo/cultural através do qual 'natureza sexual' ou 'sexo natural' são produzidos e estabelecidos como 'pré-discursivo', como prévios à cultura, uma superfície politicamente neutra *na qual* a cultura age".[19] Esta suspeita profunda em relação à dimensão do pré-discursivo, do anterior ao advento da lei, levava Butler a recusar toda ideia de uma naturalidade reprimida pelo advento das normas sociais.

A fim de melhor compreender o projeto de Butler, voltemos por um momento às noções de sexualidade e poder em Foucault, pois são elas que operam na crítica de Butler à pressuposição mimética entre gênero e sexo. Ao centrar suas reflexões sobre o aparecimento da "sexualidade", Foucault queria mostrar como um certo regime de organização, de classificação e de descrição da vida sexual foi fundamental para a constituição dos indivíduos modernos. Não por outra razão, "sexualidade" é aquilo produzido por um discurso de aspirações científicas, seja vindo normalmente da psiquiatria, da psicologia ou da medicina. Foucault parece querer mostrar qual é esta experiência sexual própria aos indivíduos que encontram no discurso da ciência seus padrões de normalidade e de patologia.

A este respeito, a questão de Foucault consiste em se perguntar: como algo desta natureza ocorreu e, principalmente, o que isto realmente significa? Ter uma sexualidade

---

[19] BUTLER, Judith. *Gender Trouble: Feminism and the Subversion of Identity.* Nova York: Routledge, 1999. p. 11.

seria expressão de uma liberação do meu corpo em relação às pretensas amarras repressivas do poder? A sociedade ocidental teria assumido a importância da sexualidade na definição das individualidades a partir do momento em que o poder teria perdido suas amarras repressivas? Ou, na verdade, a sexualidade seria uma forma insidiosa de sujeição que demonstraria como a natureza do poder não é exatamente *repressiva*, como se estivesse a reprimir uma natureza sexual, uma energia libidinal primeira e selvagem, mas *produtiva,* como se ele produzisse os sujeitos nos quais o poder opera? De fato, a segunda opção levará Foucault a afirmar: "Já faz bastante tempo que desconfio dessa noção de 'repressão'".[20] Uma desconfiança que, a seu ver, resulta de uma nova maneira de compreender o poder e que estaria expressa claramente em afirmações como:

> O poder se exerce em rede, e nessa rede, não só os indivíduos circulam, mas estão sempre em posição de serem submetidos a esse poder e também de exercê-lo. Jamais eles são o alvo inerte ou consentidor do poder, são sempre seus intermediários. Em outras palavras, o poder transita pelos indivíduos, não se aplica a eles [...] O indivíduo é um efeito do poder e é, ao mesmo tempo, na mesma medida em que é um efeito seu, seu intermediário: o poder transita pelo indivíduo que ele constitui.[21]

Uma colocação como esta demonstra como as relações de poder nunca poderiam ser compreendidas como meramente opressivas. Mas para aceitar que há uma natureza produtiva do poder, faz-se necessário também aceitar que nem todas as formas de dominação são formas de opressão. Retomemos a este respeito algumas características fundamentais da noção foucaultiana de poder:

---

[20]FOUCAULT, Michel. *Em defesa da sociedade*. São Paulo: Martins Fontes, 2006. p. 25.

[21]FOUCAULT, 2006. p. 35.

Por poder, parece-me que devemos inicialmente compreender a multiplicidade de relações de força que são imanentes ao domínio no qual elas se exercem, e que são constitutivas de sua organização; o jogo que pela via das lutas e afrontamentos lhes transformam, reforçam, invertem; os apoios que tais relações de força encontram umas nas outras de maneira a formar cadeia ou sistema ou, ao contrário, as defasagens, as contradições que isolam umas das outras; as estratégias enfim nas quais elas encontram efeito e cujo desenho geral ou cristalização institucional toma corpo nos aparelhos estatais, na formulação da lei, na hegemonia social.[22]

Esta ideia de poder não toma como base as representações jurídicas do poder soberano, mas tem seu fundamento no conceito nietzschiano de jogos de força. Ela é onipresente não por tudo englobar em uma unidade, mas por vir de todos os lugares. Ela não depende de uma intencionalidade consciente para funcionar, não resulta de decisões e escolhas de um sujeito individual. Se ele vem de todos os lugares, é fácil perceber também que a noção mesma de resistência é um movimento interno ao poder. O próprio poder só pode existir em função de uma multiplicidade de pontos de resistência. Como se a ausência de unidade do poder nos permitisse pensar um movimento que está, a todo momento, prestes a inverter seus sinais, prestes a produzir outras dinâmicas. Como se a disciplina e seus dispositivos apenas no limite pudessem garantir sua eficácia. Como se estivéssemos diante de: "um campo múltiplo e móvel de relações de força no qual se produzem efeitos globais de dominação, mas jamais totalmente estáveis".[23]

---

[22]FOUCAULT, Michel. *Histoire de la séxualité I: La volonté de savoir*. Paris: Gallimard, 1976. p. 122.

[23]FOUCAULT, 1976, p. 135.

Notem que esta resistência não precisa vir de fora das relações de poder como, por exemplo, de um corpo insubmisso, de uma libido selvagem, de uma sexualidade não controlada ou de um desejo natural. A resistência vem do próprio poder, isto no sentido de vir da heterogeneidade dos jogos de força, com suas direções múltiplas. Ou seja, quebrada a ideia de um poder que age de maneira unitária e ordenada, mas que produz efeitos inesperados, situações não completamente controladas, perde-se a necessidade de responder sobre o que o poder age. De certa forma, ele age sobre suas próprias camadas.

Isto talvez explique o que levou Butler a afirmar que "gênero" não deve ser compreendido como uma identidade estável. Assegurar algo em sua significação não é resultado de um gesto fundador, de uma espécie de batismo originário para todo o sempre. Antes, trata-se de um processo contínuo de repetições que, ao mesmo tempo, anula a si mesmo (pois mostra a necessidade de repetir-se para subsistir) e aprofunda suas regras. Sendo assim, assumir um gênero não é algo que, uma vez feito, estabiliza-se. Ao contrário, estamos diante de uma inscrição que deve ser continuamente repetida e reafirmada, como se estivesse, a qualquer momento, a ponto de produzir efeitos inesperados, sair dos trilhos. Daí a necessidade de afirmar que: "a injunção de ser um gênero dado produz necessariamente fracassos, uma variedade de configurações incoerentes que, na sua multiplicidade, excede e desafia a injunção que as gerou".[24] É através de tais fracassos que se produzem singularidades.

Poder e melancolia

Neste contexto, a crítica social se transforma em uma tentativa de compreender como certos afetos são produzidos a fim de conformar sujeitos a tipos fixos de comportamentos, a aceitarem certas impossibilidades de ação como necessárias,

---

[24]BUTLER, 1999, p. 185.

a assumirem certos medos através de sistemas de repetições. Uma teoria da sujeição será necessariamente teoria dos afetos sociais. Que tipo de afeto tem a capacidade de paralisar a variabilidade estrutural dos jogos de força próprios ao poder, transformando-nos em sujeitos por sujeição? Neste contexto: "sujeição consiste precisamente nessa dependência fundamental em relação a um discurso que nunca escolhemos mas que, paradoxalmente, inicia e sustenta nossa agência".[25] Ou seja, um discurso que se coloca em posição claramente exterior, mas que define a maneira com que defino minha ação. Um discurso que, de certa forma, está dentro de mim sem ser completamente idêntico ao que entendo por minha identidade. No entanto, não é apenas a exterioridade que define a sujeição, mas principalmente a conformação de si a algo que tem a forma da vontade de um Outro.

A este respeito, a hipótese de Judith Butler consistirá em mostrar como a força da submissão dos sujeitos, seja à identidades de gênero pensadas em uma matriz estável e insuperável, seja à própria forma geral da identidade, é indissociável dos usos da melancolia. O poder age produzindo em nós melancolia, fazendo-nos ocupar uma posição necessariamente melancólica. Podemos mesmo dizer que o poder nos melancoliza e é desta forma que ele nos submete. Esta é sua verdadeira violência, muito mais do que os mecanismos clássicos de coerção, pois violência de uma regulação social que internaliza uma clivagem, mas clivagem cuja única função é levar o eu a acusar si mesmo em sua própria vulnerabilidade. Desta forma, a melancolia aparece como uma das múltiplas formas, mas a mais paralisante, de aceitar ser habitado por um discurso que, ao mesmo tempo, não é meu mas me constitui. O poder nunca conseguiria se impor sob a forma da sujeição se não se apropriasse de um princípio de abertura que constitui todo e qualquer sujeito.

---

[25] BUTLER, Judith. *The Psychic Life of Power: Theories in Subjection*. Stanford, CA: Stanford University Press, 1997. p. 2.

O conceito de melancolia utilizado por Judith Butler vem de Freud. Neste ponto, seu recurso a um texto de Freud, intitulado "Luto e melancolia",[26] é fundamental. Ele será retomado como eixo de um de seus livros mais importantes: *The Psychic Life of Power: Theories in Subjection*. Butler vê, na descrição freudiana sobre o luto e a melancolia, o regime geral de constituição de identidades sociais, em especial de identidades de gênero. Pois: "a identificação de gênero é uma forma de melancolia na qual o sexo do objeto proibido é internalizado como uma proibição".[27] Desta forma, uma teoria da constituição do Eu aparece como fundamento para reflexões éticas e políticas.

Se formos ao texto de Freud, veremos como um dos seus méritos está em sua capacidade de inserir a etiologia da melancolia no interior de uma reflexão mais ampla sobre as relações amorosas. Freud sabe que o amor não é apenas o nome que damos para uma escolha afetiva de objeto. Ele é a base dos processos de formação da identidade subjetiva. Esta é uma maneira de dizer que as verdadeiras relações amorosas colocam em circulação dinâmicas de formação da identidade, já que tais relações fornecem o modelo elementar de laços sociais capazes de socializar o desejo, de produzir as condições para o seu reconhecimento. Isto talvez explique por que Freud aproxima luto e melancolia a fim de lembrar que se tratam de duas modalidades de perda de objeto amado. Por outro lado, isto nos explica porque Butler dirá: "nenhum sujeito emerge sem um vínculo passional com esses dos quais ele ou ela é fundamentalmente dependente".[28]

Um objeto de amor foi perdido e nada parece poder substituí-lo: esta é, para Freud, a base da experiência que vincula luto e melancolia. No entanto, o melancólico mostraria

---

[26]FREUD, S. *Luto e melancolia*. Trad. Marilene Carone. São Paulo: Cosac Naify, 2011.

[27]BUTLER, 1999, p. 80.

[28]BUTLER, 1997, p. 7.

algo ausente no luto: o rebaixamento brutal do sentimento de autoestima. Como se, na melancolia, uma parte do Eu se voltasse contra si próprio, através de autorrecriminações e acusações. Há uma "reflexividade" na melancolia através da qual eu me tomo a mim mesmo como objeto, clivando-me entre uma consciência que julga e outra que é julgada. Como se houvesse uma base moral para a reflexividade, tópico que Butler encontrará em autores como Hegel e Nietzsche. Principalmente, como se houvesse uma violência em toda reflexividade. Uma reflexividade que acaba por fundar a própria experiência da vida psíquica, de um espaço interior no qual, como dizia Paul Valéry, eu me vejo me vendo, criando assim uma estrutura de topografias psíquicas. Tal violência, que encontra em certos regimes de discurso ético sua expressão mais bem-acabada, será o ponto de partida deste *Relatar a si mesmo*.

A tese fundamental de Freud consiste em dizer que ocorreu, na verdade, uma identificação de uma parte do Eu com o objeto abandonado de amor. Tudo se passa como se a sombra desse objeto fosse internalizada, como se a melancolia fosse a continuação desesperada de um amor que não pode lidar com a situação da perda. Incapacidade vinda do fato de a perda do objeto que amo colocar em questão o próprio fundamento da minha identidade. Mais fácil mostrar que a voz do objeto ainda permanece em mim, isto através da autoacusação patológica contra aquilo que, em mim, parece ter fracassado. Daí uma afirmação como: "Freud identifica consciência elevada e autorreprimendas como signos da melancolia com um luto incompleto. A negação de certas formas de amor sugere que a melancolia que fundamenta o sujeito assigna um luto incompleto e não resolvido".[29] Assim, a sujeição do desejo pode se transformar em desejo por sujeição. Butler insiste como tal vínculo melancólico a um objeto perdido funda a própria identidade do Eu, seu valor e seu lugar. É desta forma que as identidades em geral são constituídas.

---

[29]BUTLER, 1997, p. 23.

A importância ética da cegueira

Através desta teoria da melancolia como dispositivo de constituição da vida psíquica pelo poder, Butler pode expor o tema de como somos atravessados por objetos que não conseguimos completamente integrar e que podem se voltar contra nós em uma reflexividade violenta e paralisante. Estes objetos demonstram como nossa constituição como sujeito de nossos atos é indissociável da permanência de vínculos libidinais que aparecem a nós de maneira opaca, desestruturando a todo momento nossas identidades e as narrativas que construímos sobre o que somos e quem somos. Daí uma ideia importante como: "Se exijo 'ter' uma sexualidade, então isto poderia parecer que uma sexualidade é o que está aqui para ser chamada de minha, para possuir como um atributo. Mas e se sexualidade é o meio através do qual sou despossuído?".[30] Ou seja, se há algo na experiência sexual que sempre parece nos colocar diante de objetos que nos desestruturam, que nos despossuem, então integrar o que tem a força de nos despossuir pode ter uma consequência política importante. Pois isto significa reconhecer minha dependência em relação ao que não controlo. Não se trata apenas de um abandono de uma noção autárquica de autonomia em direção a uma forma mais elaborada de relacionalidade, ou seja, de reconhecimento da natureza relacional do sujeito em sua agência. A ideia de uma natureza relacional não capta o que significam as consequências da compreensão de que: "como corpos, estamos fora de nós mesmos e somos para outro".[31] Pois a principal consequência é a consciência de uma vulnerabilidade estrutural própria à nossa condição que pode fundar aquilo que um dia Derrida chamou de "heteronomia sem sujeição".[32] Heteronomia

---

[30]BUTLER, 2004a, p. 16.

[31]BUTLER, 2004b, p. 27.

[32]DERRIDA, Jacques. *Voyous*. Paris: Galilée, 2003, p. 131.

que aparece, por exemplo, não como sujeição às normas dos modos de falar de si próprios à linguagem – sujeição ao Outro como estrutura linguística ou como sombra de um objeto internalizado de forma melancólica – mas como abertura ao que desconstitui minha narrativa de mim mesmo, quebrando com isto o vínculo clássico entre ipseidade e narratividade.[33] Butler está disposta a tirar as consequências éticas do fato de sermos sujeitos atravessados por relações inconscientes que nunca serão objetos de uma articulação consciente plena. A principal delas é afirmar a necessidade da morte de um certo tipo de sujeito: "um sujeito que, para começar, nunca foi possível; a morte de uma fantasia do domínio impossível, e por isso uma perda daquilo que nunca se teve. Em outras palavras, uma aflição necessária".[34]

Esta perda de um controle subjetivo que nunca tivemos permitiria transformar a consciência da vulnerabilidade e da dor que sentimos diante de objetos perdidos em elemento fundamental para a constituição da ação política. Pois podemos temer tal vulnerabilidade, o que terá consequências evidentes:

> Quando o luto é algo a ser temido, nossos medos podem nos levar ao impulso de resolver isto rapidamente, bani-lo em nome de uma ação investida com o poder de restaurar a perda ou retornar ao mundo na sua antiga ordem ou ainda revigorar a fantasia de que o mundo estava anteriormente ordenado.[35]

Ou seja, quando não sabemos como se deixar habitar pela virtualidade de objetos que não estão mais em um regime

---

[33] "Minha intenção não é subestimar a importância do trabalho narrativo na reconstrução de uma vida que, de modo geral, sofre de fragmentação e descontinuidade. Não se deve subestimar o sofrimento que pertence às condições de dissociação. As condições de hipercontrole, no entanto, não são mais salutares do que as condições de fragmentação radical" (BUTLER, 2015, p. 72).

[34] BUTLER, 2015, p. 88.

[35] BUTLER, 2004b, p. 29-30.

identitário de presença (como o luto é capaz de fazer), então entramos em uma lógica da restauração e do retorno com consequências políticas catastróficas. Mas quando temos a força de compreender como seremos sempre habitados por objetos que quebram a mestria da presença, então poderemos caminhar em direção a:

> uma certa leitura pós-hegeliana da cena de reconhecimento, em que precisamente minha opacidade para comigo mesma gera minha capacidade de conferir determinado tipo de reconhecimento aos outros. Seria, talvez, uma ética baseada na nossa cegueira comum, invariável e parcial em relação a nós mesmos.[36]

É possível falar em ética porque minha opacidade em relação a mim mesmo é uma forma de abertura àquilo que, no outro, implica-me sem que eu possa controlar, abertura àquilo que, no outro, desfaz minhas ilusões de autonomia e controle. O que se constitui assim não é a confirmação de uma espécie de comunidade moral previamente assegurada em sua segurança transcendental. Se o sujeito moral sempre foi vinculado à ideia de ser capaz de possuir a si mesmo, de submeter o desejo patológico à vontade racional enquanto expressão da minha capacidade de me autolegislar, com Butler o sujeito moral aparece claramente como aquele capaz de assumir uma "heteronomia sem sujeição", de se impulsionar a uma processualidade contínua própria ao que não se estabiliza completamente em imagem alguma da vontade. Daí a necessidade de lembrar que:

> Sermos desfeitos pelo outro é uma necessidade primária, uma angústia, sem dúvida, mas também uma oportunidade de sermos interpelados, reivindicados, vinculados ao que não somos, mas também de sermos movidos, impelidos a agir, interpelarmos a nós

---

[36]BUTLER, 2015, p. 60.

mesmos em outro lugar e, assim, abandonamos o "eu" autossuficiente como um tipo de posse.[37]

Foi tal compreensão que levou Butler a desenvolver sensibilidade às relações entre poder e visibilidade, ou seja, à maneira como o poder se impõe, criando múltiplas formas de zonas de invisibilidade nas quais os nomes que aí circulam são formas de exclusão e, principalmente, formas de desafecção, nomes que procuram impedir qualquer tipo de vínculo de identificação afetiva. Isto permite a Butler operar como quem diz: dos travestis e queers aos palestinos apátridas e aos prisioneiros de Guantánamo – um só problema.

---

[37]BUTLER, 2015, p. 171.

Coleção FILÔ

Gilson Iannini

A filosofia nasce de um gesto. Um gesto, em primeiro lugar, de afastamento em relação a certa figura do saber, a que os gregos denominavam *sophia*. Ela nasce, a cada vez, da recusa de um saber caracterizado por uma espécie de acesso privilegiado a uma verdade revelada, imediata, íntima, mas de todo modo destinada a alguns poucos. Contra esse tipo de apropriação e de privatização do saber e da verdade, opõe-se a *philia*: amizade, mas também, por extensão, amor, paixão, desejo. Em uma palavra: Filô.

Pois o filósofo é, antes de tudo, um *amante* do saber, e não propriamente um sábio. À sua espreita, o risco sempre iminente é justamente o de se esquecer daquele gesto. Quantas vezes essa *philia* se diluiu no tecnicismo de uma disciplina meramente acadêmica e, até certo ponto, inofensiva? Por isso, aquele gesto precisa ser refeito a cada vez que o pensamento se lança numa nova aventura, a cada novo lance de dados. Na verdade, cada filosofia precisa constantemente renovar, à sua maneira, o gesto de distanciamento de si chamado *philia*.

A coleção FILÔ aposta nessa filosofia inquieta, que interroga o presente e suas certezas; que sabe que as fronteiras da filosofia são muitas vezes permeáveis, quando não incertas.

Pois a história da filosofia pode ser vista como a história da delimitação recíproca do domínio da racionalidade filosófica em relação a outros campos, como a poesia e a literatura, a prática política e os modos de subjetivação, a lógica e a ciência, as artes e as humanidades.

A coleção FILÔ pretende recuperar esse desejo de filosofar no que ele tem de mais radical, através da publicação não apenas de clássicos da filosofia antiga, moderna e contemporânea, mas também de sua marginália; de textos do cânone filosófico ocidental, mas também daqueles textos fronteiriços, que interrogam e problematizam a ideia de uma história linear e unitária da razão. Além desses títulos, a coleção aposta também na publicação de autores e textos que se arriscam a pensar os desafios da atualidade. Isso porque é preciso manter a verve que anima o esforço de pensar filosoficamente o presente e seus desafios. Afinal, a filosofia sempre pensa o presente. Mesmo quando se trata de pensar um presente que, apenas para nós, já é passado.

Este livro foi composto com tipografia Bembo e impresso
em papel Off-White 70 g/m² na Formato Artes Gráficas.